ハッピーな、お産

語り継ぎたいラマーズ法

有馬助産院 松ぼっくりの会 編著

現代人文社

まえがき

私が助産院でのお産を選んだのは、とても単純な理由からでした。一人目、二人目を産むときは、何の疑問ももたず病院で出産しました。しかし、入院している間の面会時間が短く、二人目のときは幼い子どもを残して入院していることが心配でした。そこで、三人目のときに、少しでも長い時間一緒に居られるところはないだろうかと探しあてたのが、助産院でした。

しかし、そこでの体験は単に「面会時間が長い」ということ以上のもので、私自身が上の子の出産の時に味わえなかった、安心感や充実感など、出産によって得られる幸せな時間を過ごすことができたのです。産まれる力と産む力を最大限使って、それをサポートしてくれる助産師さんたちは、産んだ後のケアもとてもあたたかく、第二のお母さんと思えるような存在に見えました。

その体験も今となっては十年以上も前の事ですが、最近になって私がお世話になった助産師の五十嵐松子先生と再会する機会がありました。その時に先生が、『語り継ぎたいラマーズ法』の冊子をこのままにしておくのはもったいないとおっしゃいました。『語り継ぎたいラマーズ法』とは、出産したお母さんたちがそれぞれの体験や思いをノートに書き残したものを五十嵐先生が冊子にまとめたもので、助産院内での閲覧のほかには、執筆者だけに送っていたものです。あらためて読んでみると、一人ひとりの体験がリアルに伝わり、誰一人として同じお産はなく、どれもたいへん貴重に思えるものばかりです。

近年は産科医不足、医療法の改正など、お産を取り巻く環境はずいぶん変わりました。五十嵐先生が開業された当初は、ラマーズ法は新しいものでしたが、今では「ヒ、ヒ、フー」といえばお産の呼吸だと、出産したことのない人たちまで知っているぐらいになりました。お産の方法も新しいやり方がどんどん取り入れられています。しかし、どんなに時代が変わっても、変わらない何かがあるのではないかと、『語り継ぎたいラマーズ法』を読んで思いました。

すべてのお母さんが助産院で産むとは限らず、人それぞれ様々なかたちがあると思います。しかしどんな方法、場所で産むのだとしても、この本を読んで感じられることが、これからお産をする方たちの少しでもお役に立つことができることを願っています。

二〇〇九（平成二十一）年十月

有馬助産院　松ぼっくりの会
長部久美子

有馬助産院
H.Kubo

第1章

＊＊＊

助産院ってこんなところ

＊＊＊

◇◇助産院で産むという選択◇◇

今、あなたは、初めての赤ちゃんを授かった喜びにあふれている妊婦さんでしょうか？　または、そろそろ二人目、三人目……の赤ちゃんがほしいなと考えているお母さん？　それとも、これから結婚し、その胸に赤ちゃんを抱く瞬間を夢見る未来のママかもしれません。

かけがえのない命をお腹の中に授かったとき、大きな喜びと期待を身体中に感じることでしょう。それと同時に、出産への不安や疑問がわき起こってくるのは自然なことです。

何よりも一番大切なのは、元気な赤ちゃんが無事に産まれてくるということ、そして、より自然な形で、お母さんにも赤ちゃんにも無理のない、安心した出産や子育てができるということ。そこには、一つの選択肢が生まれてきます。

助産院で産むということ。

今や病院で産む出産が主流になっている時代ですが、一九五五（昭和三十）

年ごろまでは自宅や助産院での出産が主流でした。家族に見守られ、家庭や地域の助産院で産婆さん（助産師）の介助を受けるお産が多かったのです。

考えてみれば、妊娠、出産、育児は、人類が地球に誕生して以来、はるか昔から自然の営みの行為として受け継がれてきたものです。ところが、昨今は、医療者側が計画して指導する分娩が急激に増え、妊婦さんに対して様々な規制があったり、過剰な薬の投与や多くの検査、会陰切開など、病院で管理された出産が普通になっているということは否めません。

もちろん、そのように管理された分娩が母子の死亡率を減少させたということは、大きな成果でした。母体や胎児に問題や異常がある場合は、医療行為が介入するのは不可欠なことです。しかし、心身ともに健康なお母さんとそのお腹の中で順調にスクスクと育っている赤ちゃんであるならば、あまりにも管理された出産である必要はないのかもしれません。

◇◇理想的なお産のために◇◇

一九七三（昭和四十八）年、病院や保健所での勤務を経て、神奈川県川崎市宮前区の静かな住宅街に「有馬助産院」を開業した助産師の五十嵐松子さんは、穏やかな口調でこう語ります。

「健康な女性が、普通の日常生活の中で妊娠し、出産をするということは、多少の注意は必要ですが、病人だということではないと思います。お産をするということは、不安と緊張が大きいからこそ、『誰かに産ませてもらう』という他人任せの出産ではなく、『自分で産む』という自主的で、前向きに取り組む姿勢が大切です。その姿勢が学習への意欲となり、出産に向けての心の準備につながり、精神的にも肉体的にも安定した状態で、納得のいく『良いお産』ができるのです」。

五十嵐さんは、一九五〇（昭和二十五）年に看護師の資格を取得し、東京の病院に勤務しながら、助産師を養成する講習所に入学しました。働きながら勉強を続けて、助産師の資格を取得したのは翌年です。この頃は、今のようにまだ病院での出産が主流ではなく、正常なお産の場合は病院に入院することは少なかったといいます。勤務した病院では月に数件しかお産がなかったため、五十嵐さんは「お産の勉強がしたい」という向上心から、一九五二（昭和二十七）年に産科専門である横浜市立産院に移ります。ちょうど病院での出産が増え始めたころだったので、その産院では、一転して月に百件もお産があったそうです。

そのため、五十嵐さんの生活はめまぐるしく変わりました。勤務中に多くの妊婦さんと接し、また、お産を見ていく中で、妊娠中毒症（現在でいう「妊娠高血圧症候群」。むくみ、高血圧、尿タンパク等の症状が出ます）の妊婦さんにも多く出会いました。多忙な毎日の繰り返しで十年が過ぎたころです。妊娠経過が正常な妊婦さんと、妊娠中毒症にかかっている妊婦さんのお産には、食生活等の日常生活に大きな違いがあることに気づきました。妊婦さんに対する保健指導の必要性をひしひしと感じた五十嵐さんは、「より安全で自然に無事にお産をしてもらうためには、妊娠中の妊婦の保健指導が大切なのではないか」と考え、保健所に転職。母親教室や妊婦相談、新生児訪問などを実施しました。ところが、仕事内容にはデスクワークもかなり多く、「理想とする自分の仕事ができないのでは」と限界を感じるようになっていきました。

そして、五十嵐さんの母親も開業助産師として仕事をしていたということから、「責任を持って、妊婦さんを安全に出産まで導いていくには、母のように開業助産師としてやっていくしかない」と決意。十年間の保健所勤務を辞め、開業するにいたったのです。以来三十六年あまり。三千例以上の出産を、五十嵐さんは介助してきました。

◇◇三つの目標◇◇

開業したときに、五十嵐さんが掲げた目標が三つありました。一つ目は「妊娠生活が正常に経過するように、保健指導に力を注ぐ」こと。二つ目は「母親本人にとって、安全なお産へと手助けをする」こと。三つ目が「幸せな家庭を築けるように、母と子の手助けをする」ということです。

五十嵐さんが考えるように、妊娠出産は健康な女性であるかぎり、普通の日常生活を送る中での一つの通過点ともいえます。もちろん、妊婦さんはホルモンバランスの影響を受けて、妊娠中は感情がイライラしたりすることはあります。しかし、そのストレスが過度になると、お腹の中の赤ちゃんの健康にも悪影響を及ぼすことがあるともいわれています。

日常生活を健やかに過ごし、不安を取りのぞけるように自己管理を行い、妊娠期間を穏やかに楽しく過ごすことが、良いお産へとつながるのです。そのために、五十嵐さんは、日常生活の中でストレスを解消していく方法を教え、お産に向けて不安を取り除くように指導するようにしました。

ただ、妊婦のことを気づかうあまり、周囲が過保護になるのもよくありません。運動不足のために体力が落ちたり、二人分の栄養を摂って体重が増えすぎたり、母親になるという自覚がめばえにくくなったりすることもあるからです。そこで五十嵐さんは、過保護にならないように家族とも話しあうようにしました。

そして、いよいよお産になったときは……。陣痛の痛みがクライマックスをむかえ、大変な時期には、妊婦さんのそばから離れずに、リラックスするように援助し、また痛みを乗り越えられるように、呼吸を指導したり、自然な形の良いお産ができるように取り組んでいます。

有馬助産院では、お産の後は個室で完全な母子同室の入院生活です。赤ちゃんのリズムに合わせて、母乳育児ができるようにするためです。そのような環境で過ごすと、その後、家に帰ってからの母乳や育児もスムーズに行えるようになるのです。

「お母さんが出産直後から赤ちゃんと一緒に過ごすということは、産後の母体の回復を早めるともいわれます。そして、お母さんが一日中、我が子をながめるだけで、より深い愛情が芽生えるのです」と、五十嵐さんは話します。

◇◇ラマーズ法との出会い◇◇

開業時に掲げた三つの目標を実現するための努力を続けるなかで、五十嵐さんが一九七五（昭和五十）年ごろに出あった、助産師だからできる画期的な出産方法がありました。

それが「ラマーズ法」でした。

今ではラマーズ法という言葉もよく聞くようになり、それほど珍しくなくなったかもしれません。しかし、当時、その出産法を取り入れている助産院はあまりなかったといいます。有馬助産院は、先駆者的存在だったのです。

ラマーズ法という出産方法は、フランスの産科医、ラマーズ博士が、ロシアの生理学者、パブロフの条件反射理論を基礎とした旧ソ連の「精神予防性無痛分娩」（お産に対する正しい知識により、過度の緊張や恐怖心をなくし、分娩する方法）を研究し、腹式呼吸を胸式呼吸に改善して世界に広めたのが始まりといわれています。基本的に、お産に対する正しい知識、自分で産むという前向きな姿勢、独特の胸式呼吸法による痛みの軽減、家族の立ち会い・体操などによるリラックス（弛緩法）を柱としています。

「お産は痛くて辛いもの」という先入観をなくし、自主的に主体的に、より自然な形の出産をするスタイルといえるでしょう。日本では一九七〇年（昭和四〇年代半ば）ごろにアメリカから伝わり、盛んに紹介されるようになりました。しかし、当時は「呼吸法には陣痛を和らげる効果はない」「立ち会いは妊婦が甘えることになる」「お産のしくみを妊婦が知る必要はない」などと、まだまだ批判的な意見もかなり多かったようです。

五十嵐さんは一九七五（昭和五十）年ごろ、助産師としていち早くラマーズ法を取り入れた東京・立川の三森助産院の三森孔子《よしこ》さんからその出産法についての話を聞き、講習会に参加したりして勉強しました。三森さんから聞くラマーズ法のお産は、とてもユニークなものでした。

陣痛が始まったら、周りの家族などがみんなで一緒に面白い呼吸法をするということ、痛みが終わると、またみんなで話をしたり、笑ったりしているのだけれど、また陣痛になると一緒に呼吸法をして、最後はリラックスして楽に産むということなどです。五十嵐さんは当時の様子を振り返ります。

「驚きました。そんなのが本当にあるのだろうかという感じです。それまで私が見てきた出産というものは、一言で言うと、産婦さんが『痛い、痛い』と金切り声を上げて大騒ぎするお産でしたから。あまり騒ぎ過ぎるお産をすると、助産師の私たちの方も何か異常があったのではないかと心配ですし、出産後にお母さんも、ぐったりと疲れてしまいますよね。お母さんはお産で体力を使い切ってしまうのではなく、体力を温存させておかなければいけません。その後すぐに、子育てが待っているのですからね。お産中にあまりにもお母さんが辛い表情で大騒ぎすると、父親もウロウロとうろたえてしまいますし、子どもたちも怖くて震え上がってしまいます。そういうお産の場面を見続けていて、『何とかしてあげたい』という思いが心の中にずっとありました。それで、三森先生から話を聞いて、講習会にも参加し、お産も何例か見せてもらいました。『自然に産む』ということを理念とするラマーズ法の考えと、私の考えが一致し、これこそ助産師の仕事だと、そのとき、初めて思いました。それで、ラマーズ法を取り入れようと思ったのです」。

◇◇よく知ること、理解すること◇◇

五十嵐さん自身も出産経験者であるがゆえに、お産のときに陣痛を我慢できず痛がる妊婦さんの気持ちは、十分なほどよくわかります。

「私もお産をしたけど、確かに尋常じゃなく痛かったですよ。だれが何と言っても、騒ぎたくなるのも本当によくわかります。それをどう乗り切るかなのです。お産は陣痛がなければ、つまり、痛まなければ先に進んでいきません。痛みをなくすことは絶対にできないわけですから、呼吸法やリラックスで痛みを逃し、和らげるのです。そして呼吸法はもちろん、お産のしくみをよく知ることも大事だと思います。どうしても出産に対して『痛い、怖い、恐ろしい』という感情が先に立ってしまう人も多いのですが、お産のしくみや陣痛などについての正しい知識を妊娠準備期間中に学び、不安を解消すると、乗り切れるんじゃないかと思います」。

陣痛をただ痛いだけのものととらえるか、それとも、赤ちゃんがスムーズに産まれてくるために、子宮が収縮してお産が進んでいるんだなと理解し、感謝するか。痛いのは事実。でも考え方はいくつでもあります。

「だれもお産を代わってはくれないのです。自分で乗り切る心構えが大切なのです。それがわかるまで少し大変ですが、実際に、ここでお産をする妊婦さんたちは、他人任せではありません。皆さん、自分で産むという意志が強くて、陣痛を乗り切っていく姿には、頭が下がります。だからこそ、私も、より良いお産をしてもらいたいという思いで、一生懸命になるんです」。

＊有馬助産院では、出産を終えたお母さんに体験記を書いてもらっています。この本の中でいくつかご紹介します。

当初は不安を抱えていたお母さんたちも、五十嵐さんをはじめとする助産師さんたちと話をし、お産について正しく学ぶ中で、主体的に前向きにお産に取り組んでいっていることが、分かっていただけるでしょう。

【体験記】ラマーズ法講習会で、恐れと不安がすっかり消えた

昨年の四月に結婚して以来、赤ちゃんがほしいな、と思っていましたのに、八月に妊娠三カ月とわかったと同時に、きついつわりの気持ちの悪さでナーバスになってしまいました。出産（陣痛）が恐ろしい、会陰切開なんて絶対に嫌だと思うようになり、雑誌や本を見て得た情報から助産院での出産をと思いたち、電話帳で調べましたら、ここが自宅から一番近かったので、十二月に入ってから夫と一緒にこちらへ来ました。

その日は土曜日で、五十嵐先生は健診に忙しくて、待っている間、二階で助手の加藤さんからいろいろな話をうかがい、また二、三日前に出産を終えられたお母さんの話も

うかがうことができて、「ぜひこちらで出産をしたい」と思いました。自然に出産することがどんなにいいことなのかがわかって、安心できたんだと思います。

その翌月の「ラマーズ法講習会」に出席して、これまで私のなかにあった、出産時の陣痛に対する恐れと不安がすっかり消えて、全三回の講習を終えたときには、私のなかで出産に対する気持ちがすっかり変わって、「自分で産むんだ。病院出産の『産まされるお産』とは違うんだ」と思うようになっていました。

十カ月に入って赤ちゃんも下がってきて、いよいよという頃になっても、二時間くらい歩いても一回もお腹は痛くならなくて、「もう毎日毎日歩くのもあきてきたなあ」と思っていた二十日の朝、夫が「今日産まれそうな気がするよ。女の子かもしれないよ」と言うのです。「でもお腹がちっとも張ってこないので、もう少し先になるかと思うけれど、今日健診に行ってきます」と答えて、その日、助産院を訪れました。

五十嵐先生は「予定日を過ぎていますが、もう少し様子をみてみましょう」と言われました。

翌二十一日の午前二時ごろから、お腹が痛みだしたのですが、「少し冷えたのかなあ」と思い、床につきました。朝四時ごろに痛みで目が覚めて、「あれえ、これって陣痛かな」、

「でも何分間隔っていう波もなくて痛みっぱなしで、やっぱり冷えたのかな」と思って、お風呂に入って身体を温めましたが、痛みはおさまらず、波がついてきました。十分間隔くらいになっていました。

五時ごろには五分間隔になってきましたが、初産は時間がかかると聞いていましたので、うなって耐えていました。夫が気づいて起きてくれました。

七時ごろ助産院へ電話をして、「五時ごろから五分間隔になってきているんですが」と告げますと、「食事をすませてゆっくりでいいですから、いらっしゃい」と言われました。なんだか先生の声を聞いたら気分が落ち着いてきて、もう一回お風呂に入って身体を温めて、のんびりと朝食をすませて、十時に家を出ました。到着後、部屋でしばらく夫と「ヒーフー」の呼吸法で痛みをのがしていました。「散歩をしてきてもいいですよ」といわれて出掛けたのですが、歩いていると痛みだすので戻ってきました。

部屋へ落ち着き、加藤さんが時々様子を見にきて下さり、マッサージをして下さるその手は、痛みをしっかりとやわらげてくれました。

午後もずっと五分間隔でした。とにかく眠くて眠くて、痛みが遠のくわずかの間にうとうとしていました。少しずつですが間隔もつまってきて、三分間隔くらいになってからは痛みも強くなってきて、夕食は食べられなくて、「こんなに痛いんなら二人目はもう無理かな」と考えていました。

その後、すぐに分娩台にあがって呼吸法をしながら、「いつ出てきてくれるのかなあ」と思いながらお腹をさすることがしばらく続いたあと、ベッドに仰向けになって呼吸法をリードしてもらいながら、加藤さんと夫に手を握られて、いきみに入ったり力を抜いたりを何回か繰り返して、『ハフー』にかえて」といわれたときには、「えー、こんなにいきんだのにまたこの繰り返しなのかなあ」と思った途端に「つるん」と出てきました。最後は思ったより早くあっけなかったので、「まあ、これなら二人目も産めるかなあ」。

生まれてきた赤ちゃんはかわいい、かわいい、こんなにかわいいとは思ってもいませんでした。

五十嵐先生をはじめ、スタッフのみなさんありがとうございました。とてもいいお産ができましたことに感謝申しあげます。

夫へ。ずっとついていてくれてどうもありがとう。とても心強かった。次の子も考えましょうね。

第2章

＊＊＊

助産院で出産するということ

＊＊＊

◇◇助産院を選ぶお母さんたち◇◇

有馬助産院を選ぶ妊婦さんの思いはさまざま。「自然な環境で自然なお産がしたい」「アットホームな雰囲気で産みたい」「納得のいくお産がしたい」「母子のきずなを出産後にすぐ持ちたい」、「友人がここでお産をして、とても良かったと勧められて」などなど……。

助産院と同じ川崎市宮前区の人だけではなく、神奈川県内や東京、遠くは千葉県や静岡県などからも訪れるといいます。第二子、第三子を続けてこちらで出産する人も多いそうです。また、「最初は病院で出産したけれど、辛い思いをしたので子どもはあきらめていた。でも、有馬助産院は自然に産めると聞いたので、それならもう一人産んでみたい」と来る人も何人もいます。経験者の中には「助産院で出産を経験すると、お産も産後も身体がとても楽で、ほかでは産めません」と笑いながら断言する人もいます。

あるお母さんは言います。

「有馬助産院で産んだ友達が周りにいて、『良かったよ、良かったよ』と聞いていたので、ぜひ二人目はこちらで産もうと思っていました。一人目を産むときは、周囲と同じく、当然のように病院を選んで出産したからです。二人目を産むときに、たくさんの本を読んだり、こちらで産んだ人の話を聞いたりして、いろいろな出産方法があることを初めて勉強しました。こんなに自然な出産方法があるんだと、目からうろこが落ちるようでした。病院と助産院の一番の大きな違いは、出産後が楽なこと。身体もそうだし、精神的にも楽です。一人目のときは会陰を切って、出産後にとても痛くて辛い思いをしたのですが、ここでは切らなくても自然に産まれたので、とても楽でした。一人目のときの出産は何だったんだろうという感じです」。

◇◇自分の家のような助産院◇◇

五十嵐さんに「有馬助産院は一言で言うと、どんな場所ですか？」と尋ねると、少し首をかしげながら「自然なお産をするところ、かな」と、ニッコリとほほ笑みます。

東急田園都市線の鷺沼駅からバスで約十分。通りから少し入ったところに「有馬助産院」の看板が見えてきます。一階にはアットホームな診察室、二階にはこじんまりとした分娩室と、畳の部屋にベッドを入れた産室が三室。そして、妊婦さんたちが食事をしたり、コミュニケーションをとる居間のような部屋があります。

分娩室には胎児の心音を聞く児心音聴診器など最小限の機械と消毒などに使う最低限の薬品、酸素ぐらいしかありません。高度な機器に囲まれた病院の雰囲気とはまったく違い、まるで自分の家にいるかのように落ち着いて過ごせる感覚。築約四十年になるという建物には、どこか温もりのある穏やかな空気が流れています。

母親が助産師として開業していたということもあり、小さいころから忙しく働く母の背中を見て育ち、「いつかは母を手伝ってあげたいと思っていました」と語る五十嵐さん。

「母が助産師をしていた当時は、ほとんどが自宅出産だったのですよ。お産は、いつ始まるかわかりませんから、母は深夜に家から出ていったり、早朝に帰ってきたりしていました。夜中の四時ごろ帰ってきても、朝の食事の支度をして、家族が起きるのをちゃんと待っているような人でした。私は、母が顔を洗ったり、髪の毛をとかしたりしているのを見たことがありません」。

母親の懸命に働く姿は、病院、保健所勤務のあと、自宅を新築して開業した五十嵐さんの姿と重なります。お産には昼も夜もないので、五十嵐さんは開業してからこの三十六年間、連泊の旅行は一切せず、入院した妊婦さんがいよいよ分娩のときには、トイレすら我慢するといいます。

そんな多忙な毎日である助産師という仕事を、それでも続けているのは、「私のところで産みたいと来てくれる妊婦さんがいるのですから、ここから離れられません。母親からも、『遊びたいなんて思うのなら、やめたほうがいい』と、厳しく言われていました。引き受けたからには、その責任があります。ここで産みたいという妊婦さんの気持ちをしっかりと受け止め、できるだけ良いお産をさせてあげたいのです」と、キッパリといいます。

「私は自分の信念に基づいて妊婦さんと接してきました。人は頑固だというかもしれませんね」。

◇◇どんなお産がしたいのか◇◇

できれば自然で無理のないお産をしたいと、だれしもが思っているでしょう。ところが、最近はそういうお産をする場所が少なくなってきているのも現実。五十嵐さんの長年の経験と勘に裏打ちされた実績と信頼は、「自然なお産がしたい」と願う妊婦さんたちに口コミで伝わり、遠方からも有馬助産院を訪ねてくる人がいるというのもうなずけます。

そうです。どういう出産がしたいのか――。誰かや何かに頼って産ませてもらう出産ではなく、自分がどういう出産をしたいか、なのです。自分の意志で出産に取り組む姿勢は、陣痛の痛み、そして出産という、偉大な仕事を乗り越えるための、底知れぬ力を発揮することになります。

五十嵐さんは言います。「妊婦さんの中には、陣痛の痛みがいやで、『麻酔をして痛くないように、病院で無痛分娩で産みたい』という人もいるでしょう。また、中には『何日に産みたい』と日にちまで要望する人もいます。他方で、『自然に産みたい』と、ラマーズ法を取り入れている助産院を選ぶ人もいる。いろいろなお産の形があるので、選択肢があっていいと思うのです。でもいずれにしても、安心して安全に産めるようにすることが大事ですよね。私はそのことが一番大事だと思っています」。

納得いくまで様々な病院や助産院をわたり歩くことについては、「それはそれで、最後には自分が納得いくところを選べばいいと思います。遅くとも妊娠二十五週ぐらいまでには決めるべきでしょうね」と言います。

赤ちゃんは、「産む」とも言えるでしょうが、「産まれてくるもの」とも言えます。管理された環境で計画的に出産する、または人工的に出産させるのは、お母さんにも赤ちゃんにも負担になってしまうこともあるでしょう。時期が来たら、お母さんや家族や助産師さんのお手伝いで、赤ちゃんが自然に産まれてくる――。赤ちゃんとお母さん、そして家族が共に協力し、頑張ってたどり着いた生命誕生の瞬間、その喜びや感動はひとしおです。今、もう一度、原点に返って、お産の在り方を見直す時期がきているのかもしれません。

◇◇助産師さんとの初対面◇◇

さあ、妊娠が分かって助産院で産むことを決めたら——。まずは助産師さんとの初対面です。助産院で産むことを決めたなら、助産師との信頼関係を築くためにも、なるべく早い時期に助産院に行きましょう。

「遅くとも妊娠二十五週ごろまでには行った方がいいですね」と五十嵐さん。

有馬助産院は、初めての訪問でもホッとできる空間です。まるで家庭のようなアットホームな雰囲気。まずは一階の診察室で、五十嵐さんが妊婦さんに「助産院で産むこと」について話をします。とは言っても、「そんなに大げさなことじゃないのよ」と五十嵐さんは笑います。

「妊婦さん一人ひとりによって違いますけど、『何か心配なことはある？』と一番先に尋ねることが多いかしら。『ここでお産をしたいの？　助産院というところは、自然に産むところですよ』という確認はしますね。特に初産の人は、ご両親の心配や意見もありますからね」。

何か異常があった場合のことを考えて、高度な医療体制で管理された病院で産むことを勧めるご両親も多いといいます。それは親として娘を心配する思いなのですから、当然のことでしょう。それでも、「自分の意志で産みたい」、「自然に産みたい」という自分の思いが強くあるならば、家族でじっくり話し合うことが大切です。最終的に決めるのは自分です。

また、五十嵐さんのもとを訪ねて来る人は、初産の人よりも経産婦の人の方が不安を抱えている場合が多いといいます。

「一回目のお産を病院で経験している経産婦さんが、『ここでも会陰を切るの？』という質問をされることもありますね。初産の人はまだ出産の経験自体がないので、そういうことを知らない人も多いですからね。でも、ここでのお産についてちゃんと説明すると、多くの方が安心なさいますね」。

たとえば、もし高齢妊娠だったらどうでしょう。自然分娩では心配なこともあるでしょう。そういう場合でも、五十嵐さんは「ここで産みたいと思うなら、どうぞいらっしゃい」と門戸を開けています。万一の場合には提携医師の助けを受けますが、自然なお産をさせてあげるためにできるだけのことはしようというのが、五十嵐さんの考えなのです。

あるお母さんは「いろいろ心配なことがあっても、先生が『大丈夫よ』と言ってくれると、大丈夫なんだなと思えました。先生の飾らないところがいいんじゃないかな。今、振り返ってみると、特別なことをしてくれるわけではなく、経験から出る言葉を聞いていると、すごく安心するのかなと思います。『心配だったら病院で産みなさい。どうしてもここで産みたかったら、百パーセント絶対大丈夫とは言えないけど、今までの経験からはそんなに大変なことはなかったわよ』としっかりと説明してくださいました。多分、『大丈夫、大丈夫』の言葉だけだと、不安な要素が出てくるのかもしれませんが、いろいろとはっきり言って助言してくれるので、信頼につながったのだと思います」と話します。

◇◇お産は病気ではない◇◇

有馬助産院では、妊婦さんの診察は最小限です。はじめのうちはだいたい月に一回、体重・血圧・子宮底・腹囲の計測や尿検査のほかは、赤ちゃんの心音を聞いたり、エコー（超音波検査）で大きさを見たり、いい位置にいるとか、胎盤はちゃんとした位置に付いているかなどを確認するだけです。前期・中期・後期それぞれの健診や何か異常があった場合は、提携している医師に診てもらいますが、「順調に大きくなっているね」ということになれば、何も問題はありません。七カ月を過ぎると、五十嵐さんの診察は二週間に一回になります。「おなかが張る」とか「痛い」といった特別な場合などは、子宮口が開いている可能性もあるので内診するときもあるということですが、それ以外はほとんど内診はしないというのが五十嵐さんの方針です。

妊娠中の食生活や日常生活の過ごし方についても、極端に偏った食事への注意など基本的なこと以外、妊婦への制限はほとんどありません。

「ああしろ、こうしろと言われても、ストレスが溜まるばかりでしょう？　しなきゃいけないと思いながら、それがやれなくなったときに、『しなかったからこうなったんだ』と思うと、余計な神経を使ってしまいます。共働きの家庭も多いし、お母さんは自分の仕事をしながら子どもを産んで育てていくわけですからね。だから、あれをしてはいけない、これをしてはいけないというのは、しょせん無理な話なのです。私は妊婦さんに『全く普通に生活していいですよ』

と言います。もちろん、高いところから飛び降りたりといった激しい行動はだめですよ。妊娠十カ月に入ればもういつ産まれてもいいのですから、『意識して歩いてね』とは言っていますけどね。少し注意すればいいだけのことなのです」。

あっけらかんと、それが当然のことのように話す五十嵐さん。その通りだな、と思わずうなずいてしまいます。

「診察で『何か心配なことはある?』と聞くと、『ないですね』と答える妊婦さんも多いのですよ。ここに来る人は、気持ちがおおらかな人も多いのでしょうね」。

五十嵐さんが考えるお産とは、あくまでも「自然に」が一番ということ。

「健康な女性が自然に妊娠して、その中で産んでいくわけでしょう? 自然でゆっくりとしたお産のほうが赤ちゃんも元気だし、お母さんも産後の快復が早いのです。妊娠出産は特別な病気ではないのだから、自然な中で産むのがいいのです。妊娠して出産するのは自然なことなのだから、あまり過保護にしなくてもいいのですよ」。

【体験記】 自分のすべてをさらけ出さないと成し得ないこと

「あなた、とうとう産んじゃったわね」。

おっぱいマッサージをしてくださりながら、助手の加藤さんが言われたのです。本当にそのお言葉どおりで、三十九歳初産（有馬助産院での新記録）、不妊歴八年と、どこからみても問題児（妊婦）でしたのですから。

五十嵐先生にも「助産院だけで抱えこむケースじゃない」と断わられながらも、準備教室に、十カ月に入ってからの健診にと、押しかけてきて、とうとう念願の有馬助産院で出産することができました。でも、やっぱり、先生方には、産む前から退院の直前まで、ご迷惑のかけっぱなしになってしまいました。

さて、お産です。二十日の土曜日の朝に血性のおしるしがあり、ちょうど健診に行く予定でしたので先生に電話で連絡をしました。午後から雪が積もりだしてきて、「動けなくなるといけないから今のうちに来れば……」と、先生から連絡をいただき入院しました。一時間に一～二回の痛みがきているな、と思っていましたが、前駆陣痛だったようで、翌日、帰宅しました。

その後も、なにか変化を感じるたびに、相談しては「まだまだですよ」と言われつづけていました。そんな状態の私に先生も加藤さんも、夜中までつきあってくださり、リラックスできるようにと雑談をしてくださったり、痛みのときには一緒に呼吸法をしてくれたり、いよいよ本物の陣痛のときには、いちばん触れてほしいところに手を伸ばしてくださったり、分娩室へ移ってからも、微弱陣痛のため、長時間、お手数をおかけすることになってしまいました。

先生も加藤さんも、私がそのときいちばんして欲しいことが、何もいわなくてもちゃんとわかってくださるのです。私の背中や腰に触れるだけで、呼吸法を次の段階に実にタイミングよく移らせてくれたときには、本当に身体が楽になるのです。「どうして、わかるんですか?」って、先生にきくと「長年の経験とある程度カンも必要なんですよねー」と、軽く笑って答えていらっしゃいました。そのときは「何があっても先生方を信頼していればまちがいない」と、確信しました。

わが息子は、四千三百四十グラムの想像以上にBigで、身体も声も新生児とは思えないほど大きくて、まだ上手におっぱいを飲ませられない私にイラだって大声で泣きだすと、先生が心配して助けにきてくださるのです。

「高齢だからこそ、あまり取り乱したくない」などと思っていましたが、「お産とはそんなに甘いものではない」と実感しました。自分のすべてをさらけ出さないと成し得ないもの、だからこそ尊く、生まれてきた命がいとおしいのだと、体験してはじめて、世の中のすべて命あるものへの畏怖を感じています。

明日退院します。大雪の二十日からはじまった、ここ有馬助産院での出産、育児のスタートドラマを振り返りますと、私の選択は正しかったのだと、いま改めて実感しています。

これからの、長い長い子育てに、素晴しいスタートがきれて、本当に幸運でした。たくさんつまずき、たくさん思い悩みながら、一日一日を重ねていく中で、この有馬助産院でのドラマが私の育児の原点として、支えになってくれることでしょう。

たいへんご迷惑をおかけしながらも、これが「私のお産」だったのだと、いまとても満足しています。本当に、ありがとうございました。

第3章

＊＊＊

赤ちゃんが産まれるまで

＊＊＊

◇◇出産準備教室◇◇

出産までの日々、赤ちゃんが産まれる期待や喜びと同時に、出産へ向けて心身の変化を感じることでしょう。

有馬助産院の出産準備教室は、基本的には三回が一セット。後掲の「講義内容」のように、ラマーズ法に基づき、身体や出産の仕組み、分娩時の対処法としての呼吸法やリラックス法、身体に自然に備わった子宮収縮やいきみの力などを十分に利用して自然分娩に導く方法などを学びます。これらのことは決して難しいことではなく、大切なのは繰り返し練習することだといいます。

講義では、「赤ちゃん誕生」や「当院での出産」など感動の出産風景のビデオを見るほか、赤ちゃんを産んだばかりの入院中のお母さんが、お産の始まりから入院、出産の状況や経過について、体験談を話してくれます。例えば「くじけそうになったけど、五十嵐先生がリードしてくれたから一緒に乗り越えられた」とか、「呼吸法の練習は時間があるときにやっておくと楽ですよ」など、体験したからこそ分かる「先輩ママ」の説得力のある内容のお話です。

講義内容

一回目…●ビデオ「赤ちゃん誕生」
●入院褥婦の体験談
●ラマーズ法について
●日常生活について
●呼吸法・リラックス法

二回目…●ビデオ「当院でのお産」
●お産のしくみ・呼吸法
●妊婦体操
●補助動作

三回目…●ビデオ「母乳について」
●新生児の取り扱いについて
●産後の摂生
●まとめ

◇◇「フー、フー」「ヒ、ヒ、フー」◇◇

早速、胸式呼吸の呼吸法の練習も始めます。陣痛の痛みのなかでは、知らず知らずのうちに呼吸が浅くなりがちです。これでは、産まれようとする赤ちゃんに十分な酸素を送ってあげられません。しかし正しい呼吸法をマスターすると、赤ちゃんに酸素を送ってあげられるだけでなく、陣痛の痛みを和らげることにもつながるのです。呼吸法は目を開け、意識をしっかりと持ってリズミカルにすることが基本。

お産というのは、妊娠十カ月に入ったころから少しお腹が張ったりして出産のための準備が始まってくるものです。ですから、「お腹が張ったな」と思ったら、「張った」と思うだけに止まらないで、呼吸法を始めるといいといいます。街を歩いていても、家事をしていても、いつでも「張ったな」と思ったらすぐ呼吸法です。

最初は少しゆっくりの呼吸で、吐く練習。

「人間というものは息をゆっくりと吸うことはできても、ゆっくり吐くことがなかなかできないのです。だから、吐く練習が大事です」と五十嵐さんは言います。

「フー、フー」と、ゆっくり、ゆっくり、息を吐くことに重点を置いて、鼻から吸って、口から吐くことを繰り返します。

お腹の痛みが少し強くなって、入院するころになると、「ハフー、ハフー」という少し早めの呼吸。さらに、少しゆとりのある陣痛と痛みの強い陣痛があるときは、自分の身体の状況に合わせて、上記の二つの呼吸を組み合わせます。

そして、陣痛が強くなり、五分間隔ぐらいで三十秒ほど痛みが続くようになったら、「ヒ、フー、ヒ、フー」。ヒで短く吐いたあとに、フーで長めに吐きます。

そしていよいよ子宮口が開いてきたら、口から息を吸って口から吐く短息呼吸で「ヒ、ヒ、フー」。痛みで力が入りそうになったら、吐くときに意識を集中させて、いっぱい息を吐きながら力を抜きます。

子宮口が赤ちゃんの頭が出るくらいの大きさに完全に広がるころ、つまり全開大になるころは、いきみたくなってきます。子宮口から赤ちゃんが出て下に下がってくるころには、「ヒ、ヒ、フー、ウン」と一息つき、いきみを逃します。

そして、さらに移行すると、「フーウン」と少しいきみを加えます。いきんでいいと助産師さんが判断したときは、「フーウーン」と自然に力が入ったときにいきみます。このときには赤ちゃんの頭が膣口から出たり入ったりする「排臨」という状態です。

赤ちゃんの頭が五分の一ぐらい見えていて、もう出たり入ったりしなくなるのは「発露」といいます。このころになると、いきみそうになってもいきまないようにします。強くいきめば数回で赤ちゃんが出てきますが、会陰と赤ちゃんはギリギリの状態なので、なるべくいきまない方がいい時期です。強くいきむと、会陰が切れてしまうこともあるからです。力を入れずに「ファー、ファー」と息抜きすることで、冷静になり、身体はリラックスします。会陰の緊張もとれてきます。

「妊婦さんはいきみたいのに、そこでいきませないのは、かわいそうですけれどね。でも、子宮が収縮して自然の陣痛がきているのですから、少し時間をかけて待てば、いきまなくても赤ちゃんは出てくるのです。すると会陰も抵抗が少なく、傷も少なくてすみますよ」と五十嵐さん。

赤ちゃんは頭が一番大きいので、頭が出れば、多少手助けすれば、身体はだいたい自然に出てきます。後は、ゆっくり深呼吸していればいいのです。

以上が、呼吸法のひと通りの基本的な流れですが、陣痛の強さもひとりひとり違うので、呼吸法もそれぞれで違ってきます。自分に合った呼吸法を見出していくことが大事ですから、ひとつひとつの呼吸法を家でも繰り返しながら練習することが必要です。でも、お産の「本番」では、五十嵐さんが、妊婦さんの顔や状態を見ながら、呼吸法をリードしてくれるので安心。

「いくら講義などで教えて分かっていると思っても、いざお産のときに妊婦さんをひとりぼっちにしてはだめです。そばに付き添って様子をみながら指導するようにしています」。

◇◇疲労を軽くする体操◇◇

日常生活の過ごし方については、あまり神経質に考えずに普通に過ごしていればいいということを話します。また、日常の正しい姿勢や妊婦体操については、日常の動作が体操につながるように、毎日、意識的に身体を動かすことを伝えます。

妊婦さんは健康で見た目にも美しくあってほしいもの。お腹が大きいからといって、ダラダラ歩いていては格好良くありません。

美しくあるためには、姿勢が大切。身体の重心をかけるところを覚え、立っているときは、いつもより少し足を開きます。背を曲げずに、胸から息がたくさん入るようにします。肩は自然に落とし、お腹はひっこめるぐらいの気持ちで、顎を引いてみましょう。どうですか？　気持ちまでスッキリしませんか？

姿勢が悪いと、腰痛の原因にもなりかねませんから、妊娠したときから正しい姿勢を習慣づけることがいいでしょう。

またお産では、普段使っていない筋肉を使いますから、簡単な体操も意味があるのです。といっても本当に簡単なもので、あぐらをかいたり、しゃがんだりするなど最低限のこと。

「昔の人は洗濯をするときも、たらいを置いて、しゃがんで、足を開いていましたよね。トイレも和式でした。この姿勢が、自然と下半身を鍛えることになっていたのです。また、赤ちゃんをおんぶすると、下半身に非常に力が入ります。昔は、家事など仕事をするときも、朝から晩までお母さんが赤ちゃんをおぶっていました。それで下半身に力が入り、お産のための筋肉が鍛えられて、次に産むときが楽だったのです。今は便利な世の中になって、それらの動作が全部取り除かれている生活に変わってしまったので、多少、鍛えておくことは望ましいことだと思います。出産に向けて必要なことは、無理をしない程度にやっておくといいと思います」と五十嵐さん。

体操は下半身を鍛えるような動きが中心。あぐらかき、しゃがむ動作、腰痛予防のための骨盤のよじりの体操など。ほかにも、出産後に赤ちゃんを抱っこして腱鞘炎にならないために、腕の筋肉を鍛えるための運動もあります。

体操の効果には、妊娠中の身体を柔軟にし、疲労を軽くすること、お産時に効果的に筋肉を使うのに役立つこと、お産の進行を順調にすること、母体の快復を促進すること、授乳時の疲労を軽くすることなどがあります。

でも、「無理をしないで、やれる範囲でいいのです」と五十嵐さん。

こわばった身体をゆるめる弛緩法（リラックス）も学びます。弛緩は緊張の反対ですから、弛緩の練習はまず、緊張を行い、次に緊張をほぐす動作を練習します。肩を上げて、下して……、部分的に力を入れて、次に緩めて……といった具合。これも気が付いたときにやっておくといいでしょう。

◇◇お産の流れ◇◇

出産準備教室では、お産の流れについても勉強します。

「正しい知識を得ることにより、不安を取り除くのです。お産の全体像を知っていることで、お母さんは自分の状態を客観的に見ることができるようになります。そのことが『自分で産む』という前向きな姿勢へとつながり、むやみに恐れなくなるのです」と、五十嵐さんは言います。

お産のはじまりは人により異なります。

少々の血性のおしるしから徐々に陣痛が加わってきた。破水があり、徐々に陣痛が始まってきた。不規則に下腹部が痛くなったりお腹が張ったりする「前駆陣痛」から、規則正しい陣痛に移行してきた。

このような症状のあったときは、慌てなくてもいいですが、そろそろ入院の時期です（ただし、血液が流出した場合には、緊急を要します）。

このあとは三期に分けて説明されます。第一期は規則正しい陣痛の始まりから子宮口の全開まで、第二期は赤ちゃんが産道に下降してから娩出まで、第三期は赤ちゃんの娩出から胎盤娩出までです。

第一期は規則正しい陣痛が始まったころからのことを指します。陣痛は子宮が収縮し硬くなることです。収縮によって、赤ちゃんを包んでいる卵膜（中に羊水が入っています）に圧力がかかり、子宮口を徐々に広げていきます。子宮口が全開大となる時期は、陣痛の強弱により違います。早く開く人もいれば、一晩かかる人もいます。

正常に推移した場合、初産婦で十時間から十二時間、経産婦で四時間から六時間、第一期は続きます。

第一期は長時間にわたり、陣痛も次第に強くなり、不安が増し体力も消耗する時期です。陣痛を和らげる呼吸法とリラックスで、周りの協力も得て乗り切ります。

第二期に入るころ、分娩室に移ります。この時期に多くは破水して、赤ちゃんの頭が産道に下降してきます。赤ちゃんは回旋しながら下降し、出口に近づいてきます。ラマーズ法では回旋を助けるため、早い時期からいきみはかけず、呼吸法を使い、赤ちゃんにより多くの酸素を取り入れるようにし、リラックスで母親の体力の消耗を防ぎます。周りも協力して励まします。

そのうちに膣口より赤ちゃんの頭が見え隠れするようになります。これを「排臨」といいます。ここは自然ないきみに任せるのが基本です。その後、赤ちゃんのの頭が五分の一ぐらい娩出することを「発露」といいます。ここからはいきみは全く止め、自然な陣痛で出します。赤ちゃんの身体は、多少手助けをすれば娩出します。

正常なお産の場合、第二期は初産婦で二時間から三時間、経産婦で一時間から一時間半続きます。

第三期は赤ちゃんが出た後の胎盤娩出の時期です。この時期が異常出血等の危険が最も多い時期で、注意が必要です。

第三期は初産婦で十五分から三十分、経産婦で十分から二十分要するのが、通常です。この時期はリラックスが重要です。

◇◇夫の協力◇◇

出産準備教室は一週間に一回の二時間、三週間で計三回の講義を終えますが、もう一度受けたいという人は気軽に参加できます。妊婦さんが夫と一緒に参加している場合が多く、ラマーズ法での出産を選んだ夫婦は積極的にお互いを思いやり、練習してきた様子が、入院時にうかがえます。

五十嵐さんは「だから、出産のときによく手伝ってくれるお父さんが多いのですよ。呼吸法も一緒になって頑張っていて、妊婦さんよりもずっとまじめに『ヒ、ヒ、フー』とやっているぐらい」と、目を細めます。

そういう夫の協力は微笑ましいと同時に、ラマーズ法で自然にお産するときには、とても重要なこと。妊娠期間からお産、子育てに至るまで、周りにいる夫や家族の役割は、思っているよりも大切なことです。

「妊娠生活では、呼吸法の練習を一緒にしてあげるといいですね。

産まれるときは、できれば一緒に付き添ってあげてください。どうしても仕事が休めないときは、なるべく早く駆けつけてあげてほしい。でも、これがとても不思議なもので、間に合わないと思っていても、赤ちゃんが産まれるときにはお父さんもきちんと間に合うことが多いのですよね。お腹の中の赤ちゃんも分かっているのでしょう。本当に不思議なことってあるのです。

そして、陣痛で苦しいときは、腰をさすってあげたり、お水をあげたり、リラックスさせてあげたり、周りから励ましてあげてください。産婦さんは些細なことで不安になってしまうので、そういうときに夫や家族がそばにいてくれるだけでも精神的に安定します。家族の存在はとても大きいものなのです。

小さい子どもがいる家族なら、お産のときに子どもを家でみてあげてくれることも助かります。家や子どものことが心配になってしまったら、産婦さんは落ち着いてお産ができないですものね。もし立ち会うのなら、子どもが小さくても一緒に連れてくるように、と勧めています。

自然なお産に立ち会ったお父さんは、妻や家族を大事にし、子育ても一緒にやってくれる人が多いようです。お産の大変なときを一緒に乗り越えていったという経験からは、家族の絆という、見えないけれど強い何かが生まれるのですね。付き添っていたお父さんも、自然なお産を見たら、何としても家族は自分が守らなきゃいけないという意識が強くなるのではないでしょうか。『本当に身にしみて、家族の大切さを感じた』というお父さんがたくさんいました。生命の貴さを身をもって感じ、家族だけでなく、親や周囲の人々への感謝の気持ちも自然に湧いてくるようです」。

◇◇待つお産◇◇

お腹の中に赤ちゃんが宿ってから、産まれてくるその出産予定日を算出して、指折り数えて待っている人も多いのではないでしょうか？

でも、その予定日というものも正確ではなく、おおよその目安です。計算通りに行かないからといって、焦る必要はないというのが、五十嵐さんの考え。

「お産とは自然な生理現象です。産まれる時期になれば、赤ちゃんは自然の流れで産道を通って子宮から産まれてくるものなのですからね。自然なお産はゆっくりしたお産、そう、『待つお産』です。母子ともに異常がなければ、早くいきんだり、会陰を切る必要もないし、人工的に出さなくてもいい。お母さんは産まれてくる赤ちゃんに力を貸してあげるのです」。

　そして、お産の流れや身体の変化を正しく理解することがとても大事だといいます。いよいよ出産が始まったというときのお産の進み方を知っておくことで、お産のときの心がまえも違います。恐怖や不安というものが軽減され、そのときそのときの自分の状態を客観的に見ることができるようになります。そうすると、慌てずに、冷静に対処できるのです。自分の陣痛の状態を観察しながら、「今はこの呼吸法をすればいいのね」と分かるのです。

　お産についてよく分からないと、「何時間も何でこんなに痛いんだろう」と思って不安になり、怖くなってしまい、緊張して精神的に参ってしまうこともあるでしょう。そうなると「良いお産」からは離れていってしまいます。

　五十嵐さんは「だんだん痛みが強くなってくるから、不安で騒いでしまうようになるんですね。それを異常と勘違いしてしまうのです。痛み、つまり陣痛があってこそのお産なのだから、私としては、お腹が痛くなってくれば、『よかったね』と言いたいぐらいなのですけれどね」と言います。

◇◇お産の前触れ◇◇

準備は万端ととのって待っていると、「お産の前ぶれ」とでも言うべき現象が妊婦さんの心身に現れます。個人差はありますが、妊娠三十八週ごろのことです。

身体的には、時々思い出したように、不規則な陣痛のような下腹痛があったり、お腹が張る感じがします。腰の辺りが重く感じることもあります。このような症状を「前駆陣痛」といいます。後に訪れる陣痛同様、子宮が収縮するために起こる現象です。

そのほかにも、胃のあたりが軽くなったり、腰が重く痛くなったり、足がつったりしびれたり。子宮により膀胱が圧迫されるので、尿が近くなることもありますし、直腸が圧迫されて、便秘や下痢気味になることもあります。おりものが増えます。赤ちゃんの動きは多少静かになります。体重もあまり増えなくなり、少し減ることもあります。

心理的にも、「いつお産が始まるのかな」という気持ちで、少し落ち着かなることが多いでしょう。急に今までと違うものが食べたくなったり、涙もろくなったりといった変化が表れることもあります。

これらの心身の変化には個人差はありますが、みな、お産に向けた変化なのです。

このころから、痛みを逃すために習った呼吸法をはじめます。まずはゆっくりゆっくりと息を吐く「フー、フー」から、痛みが強くなるにしたがい少し早めの「ハフー、ハフー」へと移っていきます。

◇◇お産のはじまり◇◇

前駆陣痛から規則正しい陣痛に移行してきたら、いよいよお産のはじまりです。

陣痛は子宮の収縮、つまり子宮が縮み、硬くなること。収縮によって、赤ちゃんを包んでいる羊水の入った卵膜という袋が子宮口に向って強く押し出され、その圧迫で子宮口が少しずつ広がっていきます。陣痛が規則正しく十分間隔になってきたら、入院です。

ただ、陣痛の出方も、本当に人それぞれだと五十嵐さんは言います。

「十分間隔で痛みが起こるのを、陣痛の開始と見なします。多くの場合、十五秒程度の痛みがやむと、十分程度痛まず、また十五秒程度の痛みが起こり、といった感じです。痛くない時期は本当に何でもなく、家事もできるぐらいです。この十分おきの陣痛は、朝からはじまって夕方になってもそのままという人もいますし、一時間後には五分間隔になっている人もあります。

陣痛が途中で止まってしまう人もいますよ。四、五時間も『痛い、痛い』とやっているので、もうすぐ出産だと準備をはじめても、そのうちに陣痛が止んでしまい、結局赤ちゃんは二、三日先に誕生、ということもあります。でも、それはそれで、お母さんと赤ちゃんの経過を見守ります。ひとそれぞれ、違っていいのです」。

だんだん強くなる陣痛に対しては、「ヒ、フー、ヒ、フー」の呼吸法で対処します。「フー」と長めに吐くほうに重点を置きましょう。

長い間の陣痛の痛みを不安に思っている妊婦さんがいたら、五十嵐さんは「体力保持のために寝たほうがいいんじゃないの」とか、「気晴らしに散歩にでも行ってくればいいんじゃないの」とか、「少し動けばどうかしら」などとアドバイスするといいます。そうやってリラックスする方がいいのです。

◇◇赤ちゃんが降りてきた◇◇

陣痛の間隔が短くなり入院したら、まずはリラックスすることが大事。これまで準備してきたことを実践すれば大丈夫。五十嵐さんも万全の態勢で待機します。

子宮の収縮で卵膜が子宮口の方に押され、子宮口が徐々に開き全開大となります。このときに卵膜が破れると、赤ちゃんの頭の方に入っていた前羊水が出てしまいます。これが破水です。赤ちゃんは産道に降りてきます。このころになると、分娩室へ向います。

呼吸法は「ヒ、ヒ、フー」。「ヒ、ヒ」で口から短く息を吐き、「フー」で長く吐きます。吐くときに意識を集中して、力が入らないようにします。

このあたりからは、いつ赤ちゃんが産まれるか予断を許しません。

「経産婦さんだと、陣痛が急に強くなりお産の進行が早くなることもあります。ですからこの時期の助産婦は、妊婦さんの側をなかなか離れられません」と五十嵐さんは言います。

有馬助産院では、二階の分娩室のすぐ隣が入院している部屋なので、産婦さんは自分で歩いて分娩室へ行きます。

「分娩室では、最初は座っていてもいいし、横になりたければ、そうしてもいい。ベッドで足をぶらぶらしている人もいます。どんな姿勢でも、本人が楽だと感じれば、それで構いません。できれば家族も一緒に分娩室に入り、立ち会いながら、痛みを逃すような呼吸法をします。いよいよ産まれるときは、病院みたいにずっと足を固定しているのではなく、痛ければ好きな姿勢でいいのです。赤ちゃんが出そうになれば、自然に足を開くような姿勢になりますからね」。

◇◇陣痛から逃げてはダメ！◇◇

押し寄せてくる陣痛の痛みは、段階に合わせてラマーズ法の呼吸法で乗り切ります。陣痛が強くなればお産も順調に進むのです。だから、五十嵐さんは「陣痛から逃げちゃだめよ」と、妊婦さんに言っています。

その陣痛も、ラマーズ法の呼吸法で痛みを逃しながらの出産だと、静かに乗り切れることが多く、隣の部屋の妊婦さんもお産があったことに気づかないことすらあるようです。

ラマーズ法の呼吸法は胸式呼吸。私たちが普段の生活で無意識にしているのも胸式呼吸が多いので、無理せずに楽にできるといいます。

五十嵐さんはこの呼吸法のいいところを、「まず、身体がリラックスすることです」と話します。

「身体の中に酸素を多く取り入れることで、身体が柔らかくなります。また、呼吸に集中すると、痛みが和らぐということがあります。本を読んで夢中になっていると、人に呼ばれたのがわからないときがあるでしょう？　それと同じで、呼吸法に集中して脳の中がいっぱいになると、痛みの感覚が入りにくいのです。呼吸法をきちんとできないと、痛みの感覚の方が強くなり、呼吸が乱れて、より痛みを感じてしまいます。しっかり呼吸法をしていれば、痛みは通り過ぎていきますよ。

それと、お母さんが酸素をたくさん取り入れると、お腹の中の赤ちゃんにも酸素がどんどん入って行きます。酸素が入ってくるから、本当にピンク色のきれいな赤ちゃんが産まれてくるのですよ」。

呼吸法は、お産の流れによって基本的には段階的に変わります。五十嵐さんは妊婦さんの様子を観察しながら呼吸法を指導し、時には一緒にやり、痛くなってくる腰をさするなどお産を介助します。ラマーズ法を勉強した父親が付き添っている場合は、父親の協力も大切です。みんなで一緒になってお産を乗り切るのです。

◇◇無理せず、自然に◇◇

陣痛が非常に強いと、大して子宮口が開いていないのにいきみ始めてしまうこともあります。五十嵐さんが「まだ早いから、いきんではだめですよ」と言っても、一回いきんでしまうと少し楽になるので、止められなくなる産婦さんもいます。

「でも、少ししか子宮口が開いていないのに何度もいきむと、赤ちゃんが通る管（頚管《けいかん》）が切れてしまうこともあります。これは、『頚管裂傷』といいますが、血管がたくさんあって軟らかくなるところなので、出血が多くなってしまうのです。いきまず子宮口をゆっくり開かせれば、そういうことは起きません。骨盤や産道はまっすぐではなく、広いところと狭いところがあります。赤ちゃんは、頭が出ると、自分でぐるっと回って、骨盤にあわせて通ってくるのです。これを『回旋』といいます。赤ちゃんが自分でちゃんと回って出てくるのです。それを早くからいきんで圧力をかけると、『回旋異常』と言って、赤ちゃんの回り方がおかしくなり、出てくるのに時間がかかってしまいます。出ないことはありませんが、いくらいきんでもなかなか出てきません。早くいきんでも、自分が疲れてしまうばかりで、少しもいいことはありませんよ」。

そう、あくまでも無理をしないで、「自然に」です。

「妊婦自身が自然にいきみたい感じになったり、自然にいきみが出てきたのなら、そのまま様子をみることもありますが、まだちょっと無理だなと思ったらいきまないように言います。子宮口が全開大になると、いきみたくなってくるものなのです。赤ちゃんが下へ下がってくると、なおさらいきみたくなるのです。だけど、『赤ちゃんがまだ高いところで降りてきていない、無理だな』と思ったら、『まだ、いきむのは早いですよ』と言うわけです。その人によりますけどね。それはみんな、本人の自然に任せているのです。

このときに会陰保護と同時に、脱肛を防ぐことにも気をつけます。赤ちゃんをゆっくり出せば、会陰はかなり薄く伸びるものです。ホルモンの働きで赤ちゃんが出やすいように、序々に序々に伸び、最後には紙のように薄くなるんです。自然にゆっくり出せば、ほんのかすり傷ぐらいですみます。人間の身体は不思議です。お産のために必要なところは伸びるようにできているのです」。

◇◇予定日を過ぎたら◇◇

出産予定日を過ぎると、大丈夫だろうかと心配する妊婦さんもよくいますが、大体二週間までは正常の範囲内だといいます。二週間たったからといっても、最終月経を再度確認すると、勘違いしていることもあります。

五十嵐さんは、正常の範囲内である二週間までは、医師と相談しながら様子を見ます。それを過ぎると、病院への移送を判断しますが、これまでそういう例はほとんどなかったと言います。

「予定日を多少過ぎたからといって、必ずしも赤ちゃんが大きくなり過ぎることもありません。私の経験上、九十パーセントは予定日を過ぎても二週間以内で産まれます」。

◇◇赤ちゃんが見えてきた!◇◇

さて、いよいよ赤ちゃんの頭、黒い髪の毛が膣口から見えてきました。赤ちゃんは少しずつゆっくりゆっくり、出たり入ったりを何回もくり返して、会陰をひろげながら出てきます。赤ちゃんは頭が一番大きいので、頭が出てしまえばあとは少し手助けすればスルッと出てきます。お母さんたちは、「にゅるーっと出てきました」「ズルッと何ともいえない感覚で出ました」「ツルンっと出た」などとその感動を体験記に記しています。

【体験記】**ああそうだった、ここではいつまでも待ってくださるんだ**

医療介入の少ない自然なお産がしたいという思いで、有馬助産院にお世話になることにしました。

母親学級では、赤ちゃんに酸素を送りこんであげることの重要性を知り、妊娠中から呼吸法を利用していろいろな場面で「赤ちゃんに酸素を」と、意識してすごしました。

予定日より一週間ほど早い出産となりましたが、四千百五十二グラムの元気な男の子の誕生になりました。

陣痛の間、助手の加藤さんの魔法の手に何度も助けられて、勇気づけられました。そして、強くなってくる痛みの中で今、自分がどういう状況にあるのかを、加藤さんが丁寧に説明してくださったおかげで、冷静さを保つことができました。

分娩台にあがるタイミングといい、加藤さんは私の心が手にとるようにわかっていらっしゃるようでした。本当に心強かったです。

最後は、赤ちゃんがなかなか出てこなくて「赤ちゃんが苦しがっていたらどうしよう」、「こんなに時間がかかってしまって、先生や加藤さんに申し訳ないな」と、この期に及んで妙な遠慮をしてしまい、無理にいきんで出そうとしてしまっていました。五十嵐先生はそれをすぐみてとり、「強い陣痛がきてからでいいんですよ」と、優しく声をかけてくださいました。「ああそうだった、ここではいつまでも待ってくださるんだ」と、あらためて思い直しました。

体力を残したお産をすること。いま、重たい我が子を抱いて乳をふくませながら実感しています。

先生、加藤さん、おいしいお食事を作ってくださったり、掃除をしてくださいましたスタッフのみなさま、ありがとうございました。

先生、部屋で授乳に格闘する私を暖かく見守ってくださりありがとうございました。救われました。

【体験記】 **「元気ハツラツときれいな妊婦さんを目指しなさい」**

産まれ出たわが子は、ピンク色の天使でした。無事に産まれてホッとし、分娩室の空間が現実のものとは思えなくて、夢みている気分でした。

いま、そのときのことを思い返しても、目の前のわが子をみていても、まだ信じられないという気持ちです。

いきみのSTOPがかかり「ファー、ファー」が異常に長く感じられて、いきみのときよりも緊張し、腹筋が「フッ」と入ってしまったとき「何かが出た!!」と、そんな感覚だった。旦那さんの話によると、あっという間のことだったそうです。

妊娠・出産は病気じゃないし、自然なことなんだから、普段どおりにすごして、妊婦するのはやめておこうと心に決めていたのですが、妊娠が明らかになった途端に、周りから「大丈夫?」の声々。「なんで? 別に特別扱いしなくてもいいじゃない!」と思う始末。「あれもダメ、これもダメ。やらないほうがいいわよ」という周りの声々。

病院では、何も指示はなくて「順調ですね、でも、下がり気味はあまりよくないんだよね。まあ、子宮口はしっかり閉じているから大丈夫だけれど……」と必ず「……」でおわる先生の話に、「何故？ 何故？ 自然なことなんだよね!?」と、何ともいえない中途半端な気持ちになりブルーになりかけたころ、応えてくださったのが、五十嵐先生と加藤さんの講習会でのお話でした。

講習会でのお話は、目からウロコとはこのこと。「そうそう、やっぱり！」私が思っていた通りだったのです。

「お産は自然なこと。動きなさい、歩きなさい、元気ハツラツときれいな妊婦さんを目指しなさい」。また、きちんとした経験によるデータや、これまでの経験の積み重ねから得た実例を引用してのわかりやすいお話等、三回の講習会で私の中の不安はすっかり消えて、自信が出て来ました。

出産予定日の三カ月前に、初めての地域へ引っ越してきてあせりと不安の中で産む場所を探していて、本屋やインターネットで有馬助産院を知り、その評価の良さと、自然分娩、完全母乳、加えて会陰切開なしの文字をみて、私の希望をみんな満たしていると思いました。そして、保健所の助産婦さんからの情報と、電話で五十嵐先生とお話した時の感触などから、「お願いしようかな」と、有馬助産院の門をくぐりました。この選択は大当り！ 大吉！ さすがに私！ と、ホメまくりました。

お二方のナイスコンビネーションで、初産にしては誇らかなスピードで無事出産できて、感謝です。こちらの講習会で学んだからこそ、こんなに順調に出産ができました。もし、他で出産していたら、きっと何倍も下手に産んでいたにちがいありません。

近い将来、また、新しいわが家の家族をお二方にとりあげていただきたいと思います。ここで産むと、また来たくなるんです。「もう一人、もう一人」と、みなさんの気持ちと同じように。

明日退院します。淋しいような気持ちですが、帰れば育児の楽しみが待っています。新しい家庭にむかって出発です。

第4章

＊＊＊

赤ちゃん誕生

＊＊＊

◇◇元気な産声◇◇

さあ、赤ちゃんが誕生しました。赤ちゃんは、産まれたときに「オギャー」と元気な産声を上げます。それまでは、お母さんのお腹の中で胎盤から酸素や栄養をもらっていたので、自分で呼吸はしていませんでしたから、産まれたときのオギャーという第一声は、肺呼吸の始まり。肺で呼吸した証《あかし》です。

子宮の中にいたときの羊水や体脂などが鼻に詰まってなかなか息ができない場合は、吸引をすることによって、羊水や余分なものを取ります。羊水を飲んでいたから、生まれてから羊水を吐く子もいるそうです。

元気なオギャーという声を聞いたら、それでまずはひと安心。あとはお母さんの身体のケアが大事です。

出産をしたあとは子宮が急激に収縮しますので、十五分ほど経つと胎盤も押し出されて外に出てきます。この胎盤が出てくる時期が「第三期」です。「後産」ともいいます。普通は胎盤の重さは五百～六百グラムですが、一キロある人もいるとか。役目を果たすと自然に出てくるので、人間の身体は本当に不思議です。その後、約二時間は、出血量を観察します。異常がなければ、お産は大成功、もう大丈夫です。

◇◇静かなお産◇◇

ラマーズ法の出産に三千例以上も立ち会ってきた五十嵐さんは、「呼吸法で痛みを逃し、家族の協力などで妊婦さんもリラックスしているから、本当にお産が静かなのが特徴です。無理をしないので、赤ちゃんがゆっくり出てくる。すると、お母さんの身体もゆっくりついてくるから、出血は少ないし、会陰裂傷もできません」と、その長所を納得するように語ります。

「四キロぐらいに赤ちゃんが大きくても、かえって大きいから割にゆっくり下がってくるので、会陰裂傷ができない人は結構いますよ。『そんなに大きくて?』と思うでしょうけど、赤ちゃんが三キロもなくても、勢いよく出てくると、切れるときがありますもの。赤ちゃんが出そうになると会陰を切る病院も多いでしょうが、ゆっくり自然に任せて待てば、その必要もありません。本当に自然なお産がいいと、私は思います」。

一人目を病院で産んだお母さんは、「病院では、会陰を切った出産だったので、お産のあと、切ったところが本当に痛くて眠れませんでした。歩けないし、ドーナツ椅子がないと座れない状態です。でもそれが普通なのだろうと思っていました。多分、ほかのみんなもそう思っていたんじゃないかな？　ところが有馬助産院は、とても自然に任せたお産でした。会陰を切らないので出産後も楽で、食事をするときに正座もできます。出血量も全然違います。どれだけ自然かがよくわかりました」と振り返ります。

お産をゆっくりと急がせないで、赤ちゃんが出たいときに、お母さんも頑張って、助産師もそれを支えるという姿がここにあるのです。

五十嵐さんは「無理をしないで、『待つお産』なのです。だから、三回も四回も助産院を出たり入ったりする人もいますよ。『おなかが痛い』と夜中に来て、朝になったら陣痛がなくなっていったん家に帰ります。また夜になったら『おなかが痛い』と来ます。それでも、破水をしていなければ別に心配はありません。特別なことがなければ、時間がかかろうが赤ちゃんが大きかろうが、多くの場合問題なく出てくるのですよね。お産というのは、全く人それぞれ。同じ人の一人目と二人目のお産でも違うのですから。あまりいろいろ心配せずに、健康な妊婦は自然に任せるということですね」。

もちろん、五十嵐さんが長年の経験から判断して異常を感じたときには、すぐに医師と連携をとって冷静に対処します。

◇◇いろんなお産◇◇

長い経験では、いろいろな出産の場面がありました。

「ユニークな出産では、宗教なのか、妊婦さんが分娩台に寝ている周りで、踊っているご主人がいました。また、『産まれるころになったら、ろうそくを立ててもいいですか』と言う人もいました。『畳の部屋なので気をつけてね』とだけ注意して、一、二本立てるのかと思っていたら、三十本も立てたのでびっくりしたこともあります」。

中には、車の中で産まれてしまった妊婦さんもいて、大変だったことも。

「渋滞で間に合わないので、パトカーに先導されて来た人もいましたよ。すぐそこまで来ているのに、間に合わず車の中で産んだ人は、私が行って車の中でへその緒を切りました。『オギャー、オギャー』と泣いてくれて、あのときはホッとしましたよ」。

いろいろあっても、みんな元気に産まれてきています。

「開業したばかりの一九七五（昭和五十）年ごろ、近くの団地ができたばかりのときは、バスは、午前に一本、午後に三本ぐらいしかありませんでした。交通の便が悪いために、他の病院で出産する予定の妊婦さんが、団地の玄関や廊下で産んでしまったこともありました。その時は、団地の住人から、『隣の家の人が、赤ちゃんが出ちゃった、と言っているんです』とあわてて連絡があったので、私はとりあえずお産の器具だけ持って飛んでいったら、足が一本、にゅっと出ていました。逆子です。そんな時も一生懸命、お産の介助をしました。出産はベッドの上だけとは限りません。どこでも起こるのです。道端で産まれてしまう人もいるんですからね」。

「とても時間がかかり、ようやく無事に赤ちゃんが産まれてくると、こちらも

『よく頑張ったね』と涙が出てきます。どんなに軽いお産でも、赤ちゃんが、『オギャア、オギャア』と泣いて、無事に産まれたときが一番うれしいですね。

立ち会っていたお父さんが感動してオイオイ泣いたりする姿を見るときもあります。お父さんもほっとするんでしょうね。『産まれたときの感激、感動はずっと忘れない』と言う人がとても多いのですよ。本当にいつになっても誕生の瞬間は感動します」。

どんなお産も、生命誕生の感動は同じです。

◇◇お母さんの横で眠る赤ちゃん◇◇

待ちに待ったかわいい赤ちゃんをその胸に抱いたとき、その小さな重みに、母親としての実感をずっしりと感じることでしょう。

施設によっては、母親の産後の快復、安静や衛生上のことを理由として、産まれた赤ちゃんを別の部屋に寝かせる母子別室のところも多いのですが、有馬助産院では出産後すぐに完全母子同室です。入院しているお部屋には赤ちゃん用のベッドがあり、お母さんの横で安心してスヤスヤと眠っています。

常にお母さんが赤ちゃんの様子を観察することができるので、「今はこういう状態なんだな」とか、「何で泣くのかな」とわかるようになってくるといいます。それがわかるようになると、後に家に帰ってから慌てなくてすみます。

不思議なことに、赤ちゃんは産まれて十二時間ぐらいは何もしなくても自然と寝ていることが多いのだとか。

「お母さんが疲れているから、赤ちゃんも安静にさせてくれるのです。赤ちゃんのほうが、お母さんの身体が快復するまで待っていてくれるんですよね。親を認識するために、二、三時間ちょこちょこ泣く子はいるけど、あとはずっと寝ていることが多いですよ。そしてお母さんが少し快復したころに、赤ちゃんはおなかがすいて泣きます。それから初めておっぱいをやればいいのです。産まれてすぐにあげなくてもいいのです。赤ちゃんが泣いて欲しがるときにおっぱいをあげればいい。一日何グラム、何分おきにやらなきゃ、としなくてもいいと思います。それに、母子が離れた別室だと、どこかで赤ちゃんが泣いている声を聞くと、うちの子が泣いているのではないかと思って、かえって精神的にすごく不安になってしまうんじゃないかしら」と五十嵐さん。

出生直後、ことに一週間ぐらいは母と子にとって最も大切な時期、一緒に過ごすことで母子にいい影響を与えるということもいわれています。そばに赤ちゃんがいる。それだけで、お母さんは親としての責任と愛情を感じ、身体もどんどん快復して、赤ちゃんも安心するのでしょう。

「赤ちゃんは、産まれて一日は何もしないで寝ているんだと、ここに来て初めて知りました。『一日母乳を何グラム飲ませると決まっているから、それだけはおっぱいを出さなきゃ』と、プレッシャーを感じなくていいし、赤ちゃんが欲しいときに、泣いたときに、おっぱいをあげるだけなので、親も安静を取れます。だから出産の次の日がとても楽。産後の快復も早く、食欲があり、元気でした」と、あるお母さんは言います。

◇◇母乳のよさ◇◇

母乳のよさはいろいろ。母乳には赤ちゃんが病気にならないための免疫物質が含まれているということはもちろん、お母さん自身が「親になった」という気持ちが強くなることが大事だと、五十嵐さんは言います。特に初乳にはたくさん栄養と免疫物質があるそうです。肥満にならないともいいます。そういう意味でも、母乳の大切さを感じます。

五十嵐さんは言います。

「赤ちゃんの声を聴くと、お母さんのおっぱいが張るでしょう？　女性の身体はそのようにできているんですね。

出産直後は、そばにいる赤ちゃんの泣き声に反応して子宮が収縮します。また、授乳をしても、強い子宮収縮が起こります。これを後陣痛といい、母親の身体の快復を早める働きもします。親と子は、このように自然な摂理でつながっているのです。

断乳時期についても、あくまでも自然に、無理をさせないことが大事だと思います。離乳食を食べはじめると、多くの場合母乳を飲む回数も量も減ります。あまり飲まなくなれば、母親の身体も母乳を作らなくなり、子どもも自然に乳離れをするようになるのです。一歳を過ぎてもお乳を飲む子がいますが、それも自然に任せるのがいいと思います。無理に断乳すると、乳腺炎や子どもの夜泣き等の弊害を起こすこともあります。だから、自然に任せるのがいいのです」。

◇◇お母さん同士の交流◇◇

有馬助産院では、入院は基本的に四泊五日。食事は、入院中のお母さんの人数が多いときは二階の居間で大勢で食べます。初産の人もいれば、二人目、三人目のベテランのお母さんもいて、赤ちゃんのことや育児のことなどいろいろな話ができるし、コミュニケーションの場にもなっています。アットホームな雰囲気は、家にいるような感じ。夜になると、一つの部屋に集まって、赤ちゃんを横で寝かせながらみんなでおしゃべりしていることもあります。子育てやお産について何か心配事があっても、経験者の話を聞くなどして随分助けられた人も多いそうです。

【体験記】 ぷくぷくほっぺのかわいい赤ちゃん

今年に入って、通院していた病院と縁を切り、有馬助産院へきました。病院での最後の健診のとき、医師から「あなたは小柄ですから太って子供を大きくしてはいけない。大きな子より二千五百グラムくらいの小さな子の方がかわいいものだ。あなたの場合は二千七百グラムくらいを目標にすべきだ」といわれて、「私の子はどんな子でも絶対にかわいいに決まっているわ」と立腹して、「来月の予約はいりません」と断って帰ってきました。

五十嵐先生が言われた「赤ちゃんが動いていれば元気、大丈夫ですよ」の言葉に、私はすっかり安心してしまい、少々のトラブルがあっても「こんなもんでしょ」と自分に言いきかせて、不安のない毎日をおくって出産を迎えました。

破水してから丸二日がんばり、やっとのことで産まれてきました。「疲れた～」。辛かったけれど、終わってしまうと「ケロッ」としている自分にビックリ。本当に苦しかった。うまくいきめなかったので、がんばってもがんばっても出てきてくれない。やめられるものなら止めて帰ってしまいたかった。でも、「私が産まなきゃこの子は出てこられないし、もう少しだ、がんばろう」と自分を力づけて、何とかなるもんだ。

二千九百七十グラムと普通サイズで生まれた娘は、ぷくぷくほっぺでとてもかわいい。どんな赤ちゃんモデルよりもずっとかわいい。病院のあのお医者さんに、自慢したい気持ちです。

【体験記】 おっぱいをふくませているうちに、少しずつ実感が

今、横にいる赤ん坊がわが子なんだって、まだ少し信じられない気持ちです。おっぱいをふくませているうちに、少しずつ少しずつ実感がわいてきています。かわいくてうれしくて、少しずつ少しずつ幸せ感が溢れてきています。

結婚もしていなかった一年前などは、不規則な生活だらけでした。昨年七月に、妊娠していることがわかって、十月に入籍して、その四カ月後の今、子どもが産まれました。妊娠がわかってからは、気持ちを改めて、規則正しい生活を心がけて、ごはんもよく食べるように頑張りましたが、でも栄養がまだ足りなかったのかな？　産まれてきたわが子は二千四百五十二グラムの小さめちゃんでした。妊娠中、お腹がものすごく小さかったので、「ものすごい未熟児だったらどうしよう」と、とても心配でした。でも、産まれ出た途端に、「オギャー」と元気のいい泣き声がきこえたときには、ホッとしました。

産まれてからも、保育器に入れられることもなくて、母子同室で小さめちゃんを見守っていられて、本当によかった。有馬助産院のおかげです。本で読んだり、友だちに聞いたりして有馬助産院を知って、幸運でした。

さてお産です。初産にしてはすごく早いペースで進んでいきました。

夜十二時三十分ころ、ウトウト寝かけたところで破水し、「破水かなあ」と思いながら、「どっちにしてもとにかく寝ておかなくちゃ」で、眠りにつきました。でもやっぱり破水だったらしくて、約一時間後に、弱い腹痛で目が覚めました。それから午前三時ころまで、少しずつ強くなってくる陣痛に深呼吸で頑張っていましたが、不安もふくらんできましたので、先生に電話をしますと、「もう少し様子をみていなさい」とのお返事でしたので、主人も起こさずに、ひとりで耐えていました。

やがて起きてきた主人に「なんで、すぐ起こさなかったんだ」と、怒られてしまいましたが、なるべく甘えないで限界までひとりで頑張りたかったんです。ごめんね。背中をさすってくれて、とても楽だったよ。

午前六時に先生に電話をして、タクシーで向かい、七時に到着。タクシーの中では、もうでてきちゃいそうで、一番辛かった。

到着後、すぐに分娩室へ。先生は内診もしないのに「早ければ、あと三十分で産まれるかなあ」と言われましたが、本当にそのとおりに、七時三十分に元気よく女の子が誕生しました。自分を褒めてあげましょう。

産後の入院生活は、「母子同室はたいへん」とはよくききますが、たいへんなことは全くなくて、楽しい毎日でした。先生、助手の加藤さんのお話や、入院中のお母さん方の話はみんな為になりました。

母乳が出にくくて悩んでいたKさんは、悩んでいるのがわからないくらい明るくて、食いしん坊だという赤ちゃんにいつも優しく話しかけていられた姿には感動です。退院のその日に母乳がでてよかったですね。私も見習って、明るくマイペースで育児をしていきます。

やさしくて、心からおまかせできた五十嵐先生、加藤さん、そして関わってくださったみなさんに、感謝いたします。

第5章

＊＊＊

有馬助産院で出産したお母さんたち

＊＊＊

◇◇自分で産めた！◇◇

開業後、一九八〇（昭和五五）年ぐらいから一九九八（平成十）年ぐらいまでは、多いときは月十五人、平均すると、十二、三人の妊婦さんが有馬助産院で感動的な出産をしました。少ないときでも月十人は下らなかったといいます。有馬助産院で出産をしたお母さんたちに聞くと、みなさん口をそろえて「安心できる楽なお産でした」と振り返ります。

Aさんの体験談です。

「私は子どもが三人いますが、上の二人は病院で出産しました。一人目は、何もわからないまま自動的に病院で。二人目も、本当は助産院で産みたかったのですが、夫も忙しいので里帰りをしなくてはいけなかったため、そこには助産院がなくて病院で産むことになりました。友達が有馬助産院で産んでいたので、紹介されて、やっと、三人目をこちらで産めました。

自然に産まれるはずなのに、一人目のときは、陣痛でお腹が痛いときに浣腸をしなければいけなかったり、血管確保で注射針が刺さっていたり、動いたらどうなるんだろうかと、ドキドキと緊張した出産でした。

二人目のときは、痛くないのでまだ産まれないと思っていたのですが、『もう子宮口が開いているよ。今日産まれるわね』と言われ、なかなか産まれないと、陣痛促進剤を打たれて出産。何だか、自分で産んだという気がしませんでした。

だから、ここで産みたいというか、自分で産みたかったんです。私はラマーズ法について知識があまりなかったのですが、五十嵐先生に『何とかなる』と励ましてもらいました。二人目のときは、病院から『体重が増え過ぎ』と言われてプレッシャーがありましたが、五十嵐先生は『すごく増える人もいるけど、増えるには増えるだけの理由があるのよ』と言われたので、とても気が楽で、出産までの間も自然体でいられました。

いよいよ夜、産まれそうになったので、子どもと夫は家で待っていて、九時ごろに入院。夜中の十二時ぐらいから陣痛が起こり、そこから休みがなく続き、二時間後の二時ぐらいにはもう産まれたのです。すごく早かった。いきみを抑え切れずに、少し会陰が切れてしまったのですが、だれからも急かされないで、

『自分で産めた』と、自分をほめたいです。

呼吸法で痛みの逃し方がわかるし、強くいきまないでも赤ちゃんがどんどん出てくるので、すごく楽でした。ここで産んで初めて、『次に産むときはもっと上手に産めるかもしれない』と思えました。やっと普通に産めたという感じです。痛みは、三人のお産の中で一番ありませんでした。出産するのですから、痛いのは仕方がないことですが、余分な痛みがなかったのです。

五十嵐先生がいてくれただけで、大変心強く、安心して取り組むことができました。赤ちゃんは男の子。子どもが三人とも男の子なので、先生に、『もう一人産まなきゃね』と言われて嬉しかったです。

産まれてからすぐ、横に赤ちゃんを寝かせてくれます。自分も休みが必要だし、赤ちゃんも一緒のベッドですやすや寝ていて、すごく幸せな気持ちでした。自然にここにいて、お乳を飲むし、乳頭の消毒もありません。最初から生活の延長上にいるような感覚でした。産ませてもらったのではなく、自分で産めたという自信、自分が産むしかないという意志が持てて本当に良かったと思いました」。

◇◇リラックスできたお産◇◇

Ｂさんも、子どもが三人いらっしゃいます。一番上の男の子は、家の近くの産科医院で出産しました。

「上の子どものときは、仕事をしていたので、日曜日も診察をしていて家から行けるということで、近所の産科医院を選びました。

その病院では両親学級があって、そこでラマーズ法のビデオを初めて見ました。穏やかに、取り乱さず、会陰が切れもせずにきれいに産まれて、いいなと思いました。自分で、『ヒ、ヒ、フー』と練習していました。

家族の立ち会いはＯＫという医院だったので、陣痛が起こって入院したとき、夫と一緒に過ごしていると、夜中だったからなのか、『だんなさんは帰ってください』と言われて……。『夫の立ち会いはいいんじゃなかったのですか』と聞くと、『時間も遅いし』と言われましたが、どうにかお願いしたら、『じゃあいいです』ということになりました。

お腹にモニターを付け、ずっと仰向けの状態で、大変苦しかったことを覚えています。分娩の前は、当然のように浣腸もしましたし、会陰切開も『切ったほうが、後が楽だからね』と言われて切開しましたが、自分がきちんと理解していれば、その必要もなかったと思います。

入院している間は、切ったところが痛いのでトイレに行くのもできるだけ我慢して、『もう我慢できない。痛いけど行くか』と勇気を振り絞って行くような状態でした。母乳を飲ませるときに座るのも非常に痛かったです。

赤ちゃんが産まれてからは、授乳時間になるとまずミルクを飲ませて、それから母乳をあげるので、何か変な感じです。三、四日目から胸が非常に張ってきましたが、母子別室だったので、夜は母乳をあげられないのです。朝起きると母乳が溢れ出て、服がびしょびしょになっているほどです。でも、初めてだからよくわからなかったのです。搾乳機で絞りだして、あげる時間ではないときは、もったいないことに捨てていたのです。

そういうことをやっていくうちに、『いくら何でも変だ、これでいいのだろうか』と思い始めました。何となく不信感がありました。

そんなことがあってモヤモヤしているところに、有馬助産院で友人が出産をしてよかったと聞き、次に産むならこちらでと思っていました。その間に、自分なりにいろいろな本を読んで、『自然に待つ出産』というものがあることを知りました。

二人目を授かって、こちらに来ることができました。健診のときも、先生がゆっくり話を聞いてくれました。診察室も清潔で、余分なものはないけれども必要なものは全部あって、本当に安心できる空間で、いいなと思いました。

実は予定日よりも十一日遅れたんです。遅れたことで、不安はありました。周りからも、『そんなに遅れて大丈夫？』と言われましたが、先生は、『理由があるから大丈夫』と言ってくれました。『でも、一応念のために、お医者さんで調べてもらったら』ということで、こちらと提携している産科医院に診てもらったら、大丈夫だということで安心しました。先生の言葉を信じていました。

赤ちゃんは三千九百グラムもあって少し大きかったのですが、出産のときは、一人目のときのようにパニックにならず、わけもわからずに痛い感じではありませんでした。陣痛でずっと苦しいわけではないということを、そのときに初めて経験しました。きちんと陣痛の波があって、その間は別に何でもないし、耐えに耐えてではなく、合間に先生と雑談をしたり、すごくリラックスできました。陣痛はやはり痛かったですが、痛くなったらラマーズ法の呼吸法で逃すことができました。自分なりのお産ができたことが、とても自信になりました。もし病院にいたら帝王切開になったかもしれないと思うと、本当によかったと思います。

出産後は、産んだ直後から赤ちゃんがそばにいるので、とても安心できる環境でした。いつでも顔が見られるし、母乳も自分の好きなときにあげられるし、『一緒にいても、母親が休めないことなどない』ということも、初めてわかりました。赤ちゃんはちゃんと寝てくれるので、そのときは自分も寝られます。そして、とにかく、身体が楽でした。一人目のときとまるで違い、トイレも最初から平気でした。元気すぎて、逆に、あまり無理をしないように気をつけなければいけないと思うぐらいでした。出産が大変で元気がないと、その後の子育てにも影響が出てきますので、その点も非常によかったです。

産後にお腹が痛いときも、五十嵐先生が、『お腹が痛くなるのは、子宮がもとに戻っていることだから、それはすごくいいことなの。赤ちゃんの泣き声が聞こえると、お母さんの脳が反応しておっぱいをあげたいと本能的に思うので、子宮が収縮して、早く身体を快復させるの。母親の身体にとってとてもいいことなのよ』と言ってくれたので、赤ちゃんが泣いていても、これで私の身体がもとに戻っていくんだなという感じでとても安心できました。『子宮の戻りもすごくいい』と言ってもらえました。

産んですぐに、これだったら三人目も産みたいと本当に思うほど。助産院で産んだことが、自分の人生を変えたというか、そのくらい大きな影響がありました。一人しか産まない人がたくさんいるのに、病院での出産しか知らないのはもったいないことだと思います」。

◇◇家族に見守られるなかで◇◇

Cさんは、最近二人目の男の子を産んだばかりの若いお母さん。

「上の子は小学校三年生、下の子は一歳三カ月です。私も、上の子は病院で産みました。そのときは、自分がどういう出産をしたいかというのが全くありませんでした。初めての妊娠なので、ただ無事に産まれればいいという感じで、駅に近いとか、大きい病院なら大丈夫だというぐらいの理由で選んだのです。

一人目の出産で何が一番嫌だったかというと、陣痛です。長い時間、しかもそのままで寝ていなくてはいけませんでしたし、分娩室に入ってもずっとその状態で。もう出産はいいと思い、『やめたい』と叫んだほどです。付き添いも誰もいなくて、本当に一人で心細い思いをしました。

出産した後は、『次も産みたい』とはならず、『赤ちゃんはかわいいのだけど、出産はもう……』という感じでした。

そのあと、助産院で産んだ話を聞くことがよくあったので、自分の中で、もしまた産む機会があったら助産院で産んでみたいという気持ちが出てきました。そして、八年ぶりに子どもを授かりました。しかし、社会の状況が、上の子を産んだときと違っていて、妊娠したらすぐに出産する場所を探さなければいけないような状況で、とてもびっくりしました。でも、無事に有馬助産院で産むことができました。

明け方、破水をしました。私は破水をしたらすぐに出産するものだと思っていたのですが、お昼ごろになっても陣痛は起こりませんでした。

でも、破水をしてから二十四時間以内に陣痛が起こらないと病院で産むことになると聞いていましたし、私はどうしても助産院で産みたかったので、陣痛が起こってほしいために、ひたすら何時間も歩きました。そうしたら、夜、陣痛が起こって出産となりました。上の子と同様に微弱陣痛でしたが、それでも無事に産むことができました。

一番うれしかったのは、家族に見守ってもらえたことと、五十嵐先生がいたので本当に安心して産めたことです。ここで産めてよかったと思いました。産んだあとの生活は、入院生活という感じが全くしませんでした。上の子のときの病院は母子同室ではありませんでしたが、ここは赤ちゃんとずっと一緒にいられるので、すごく幸せな期間を過ごすことができました。面会時間も一応は決まっていますが、杓子定規なものではなく、いろいろな人が顔を見に来てくれました。部屋は畳の部屋で、普通の家みたいな生活。ご飯もすごくおいしかったです。フレンチレストランみたいなご飯を出してくれるところもありますけど、そうじゃなくて、普通のご飯が食べたいんですよね」。

お母さんたちの話に、うなずきながら優しく耳を傾ける五十嵐さん。

「これが普通の自然なお産なのですよね。『もう、こりごり』というお産では困ります。あまりに嫌なお産をすると、子どものお世話どころじゃありませんものね。だからこそ、いいお産ができるように、手助けしたいのです。体験を人に語れるぐらいの、素晴らしい、思い出に残るお産をしてもらいたいのです」。

◇◇はじめて我が子を見た感想は？◇◇

赤ちゃん誕生の瞬間、感激と感謝に包まれているお母さんと家族たち。産まれてきてくれた我が子の顔を見て、どんな思いを巡らせているのでしょうか。

「『やっと、会えたね』と思いました」と言うお母さんは、「妊娠中はとても楽しみでしたが、産まれてくるまでは、生きて産まれてくるかどうかがわかりません。何が起こるかわからないというのは頭の片隅にいつもあったので、ちゃんと生きて産まれてきてほしかったです。本当によかった、という安心が最初でした。

お腹の中の子にいつも話しかけながら十カ月過ごしてきたので、やっと会えて、『この子だったんだ』という感じが非常に大きかったです。無条件にかわいいのです。泣き声も本当にうれしくて、ああ、産まれてきてくれてよかった、会えてよかったという思いでいっぱいでした。最近は、赤ちゃんを妊娠したと言うと、『男の子かな、女の子かな』とかを気にして、産まれるのが当然のように思いがちです。でも私は、『無事に産まれるといいね』としか言えません。産まれてきてからのことは、そのあとのこと。産まれるまでは、お腹の中で元気に育っているかなと思いながら十カ月過ごすのです。それがあっての喜びだと思います」。

別のお母さんも赤ちゃんが産まれたときのことを振り返ります。

「私が子どもを産んだときは、かわいいと思うのはもちろんですが、そればかりではなくて、『この子を育てなくちゃ』という責任感のほうが強かったです。私も守るものができると、『しっかりしなきゃ』という気持ちが出てきます。私もまだまだ、死ねないぞ！という感じですね」。

【バースプランをつくってみよう】

バースプラン（出産計画）とは、出産に当たっての希望事項をまとめたメモのこと。「こんなお産がしてみたい」と考えていても、いざというときにはそれを思い出すどころではなく、結局言い出せなくて後悔することもあります。

そんなことがないように、あらかじめ自分の希望するお産について「バースプラン」として書いておいて、助産師さんやお医者さん、家族に渡しておくのがお勧めです。書くことによって、お産に対する自分の考えがまとまるという効果もあるでしょう。

次に掲げるのは、バースプランがまだめずらしかった一九九五（平成七）年に、実際に五十嵐さんに手渡されたものです。

一　出産に際して希望すること

・自然分娩を希望。計画分娩・麻酔分娩は望ましくない。赤ちゃんは自分の出てきたいときに出てくるのが一番よいと思う。

・ポリシーとしては、自由に、自然に、原始的に、人間的に産みたい。

・病院主体ではなく、妊婦主体。受動的ではなく、能動的なお産を。

二　予定日超過の場合
・陣痛誘発剤・強化剤は使用しないでほしい。
・胎児仮死のチェックと胎盤機能検査のみ行ない、他の処置はしないでほしい。
・微弱陣痛の場合も、三日間はそのまま待ってほしい。

三　陣痛時
・分娩監視装置をつける場合は、一時間以内の継続使用にとどめてほしい。
・自由な姿勢でいたい。仰向けに固定されているのは嫌です。
・水分の摂取も自由に行ないたい。
・パートナーと一緒にいられるようにしたい。

四　分娩時
・分娩準備のための剃毛、浣腸はしないでほしい（ＷＨＯ〔世界保健機関〕の調査によれば、これらのルーティン処置はあまり消毒上の効果はないとのこと）。

・人口破膜は行なわないで、できるだけ自然に任せてほしい。

・会陰切開は行なわないでほしい（これもＷＨＯの調査によれば、切開した傷と自然な裂傷によるその後のダメージには大差がないとのこと。自然な裂傷が表層部の傷に止まるのに対し、切開による傷は筋肉層にまで達し、精神的苦痛も大きいという）。

・分娩の体位は仰臥位ではなく、そのときいきみやすい形で自由にしたい。

・パートナーによる精神的バックアップを希望。

五　分娩後

・新生児に対して、カテーテルによる吸引は行なわないでほしい。うつぶせにして、自然に羊水等を排出させたい（ただし、羊水の中に排便してしまった場合は例外）。

・胎盤の娩出もできるだけ自力で行ないたい（無理にひっぱり出さない）。

・臍帯切断は拍動が止まってから行ないたい。

・誕生後の赤ちゃんとパートナーとしばらく三人だけでいる時間がほしい。

・誕生直後は、ミルクは与えないでブドウ糖液か初乳を与えたい。

六　産後の入院期間

・完全母子同室を希望。
・完全母乳を希望。定時の授乳ではなく、赤ちゃんのほしい時に好きなだけ与えたい。
・紙おむつは避け、入院中も布おむつを使いたい。

第6章

＊＊＊

家に帰ってからも

＊＊＊

◇◇お母さんの身体にも変化が◇◇

四泊五日の入院を終えると、家での生活のスタートです。愛しいわが子を家族の生活に迎え入れる喜びはもちろん感じるでしょうが、最初はわからないことも多くて、不安になったりすることもあるかもしれません。

お母さんの身体も変化します。三千グラム前後もある赤ちゃんなどがお腹に入っていたわけですから、子宮は大きくなっています。それが次第に小さくなり、普通の身体に完全に戻るには約八週間かかるといわれています。その期間は、お産の後のおりものが下りたり、腰が痛かったり、骨がガクガクしたりする人もいますが、ほとんどの人は、八週間で大体、普通の身体に戻るそうです。

◇◇困ったことは助産師さんに相談◇◇

さあ、いよいよ子育ての本番！　というところでしょうか。

我が家に帰ってきて、家族が増えた喜びに浸る間もなく、赤ちゃんが火がついたように泣くと、親のほうが震え上がってしまうこともあります。しかし「母子同室で、お母さんが産んだ直後から赤ちゃんの様子をちゃんと見ていると、赤ちゃんが少々泣いていても、何となく何で泣いているのかがわかるようになってくるのですよ」と、五十嵐さんは言います。

「さっきおっぱいをあげたから、少し泣かせておいてもいい」とか、「洗濯物を干すまで待っていて」とか……。臨機応変に対応できるようになるといいます。

基本的に、困ったことがあったら五十嵐さんが教えてくれます。

「夜中にお母さんから『泣いて、泣いて、おっぱいをあげるとちょっと飲むけど、また泣いています。三時間もこんなことをしているのですけど、早めに病院に連れていったほうがいいでしょうか』という電話がかかってくると、『子どもはおっぱいが欲しいのじゃなくて、寝ぐずりしているんじゃない？　少し長い間抱いてあげなさい』とアドバイスします。するとその通り、赤ちゃんはスヤスヤ寝てしまいます。考えすぎなのですね。子育ては楽しまないとね。あまりピリピリしてはだめですね。『本当はこうでなければいけない』ということは、ないのです。全員に当てはまることなんかないのですよね。子育ては特にそうです。それを全員に当てはめようとするから、余計な心配をしてしまうのです」。

あるお母さんも納得するように話します。

「入院しているときも、例えば、夜にすごく赤ちゃんが泣いているときがあったら、下に住んでいる五十嵐先生が『随分泣いているね』と見に来てくれます。『おっぱいもあげているんですけど』と言うと、『糖水でもあげてみる？』などと言ってくれます。何が何でも母乳だけにしなさい、というのではなく臨機応変にアドバイスしてくれるので、とても気が楽でした。先生はキャパシティーが広いので、私たちの考え方の幅も広げてもらえます」。

今は核家族で、教えてくれる人がなかなか近くにいないということがあります。五十嵐さんに、母親のように気軽に相談に乗ってもらえるのは、お母さんたちにとっては本当に安心できます。

◇◇自分で考える子育てへ◇◇

別のお母さんは、五十嵐さんの指導が自分の子育てについての考え方も変えたといいます。

「おんぶは首が据わらないとだめとか、生後何カ月からじゃないとだめなど、決まりのようなものがあるじゃないですか。それを先生は、『首が据わってなくても、後ろにバスタオルを挟めば大丈夫よ。おんぶをしたら家の仕事をするのも楽だし』と言ってくれました。

私は上の子を保育園に預けていたので、送り迎えは友達に頼んでいましたが、産後一カ月たって起きられるようになったので、『先生がそう言っていたし、おんぶしてみよう』とやってみました。

バスタオルを入れて首がぐらぐらしないようにして、おんぶして保育園まで行ったら、『もうおんぶしているの？』とみんなに大変驚かれました。でも、赤ちゃんはすやすや寝ているし、私もすごく楽だったのです。『おんぶひもは何カ月から』とか、そういう風に決めつけず、五十嵐先生の勘や経験に基づく知恵の部分の指導に影響を受けました。子育てにおいても、いろいろなものの考え方においてもつながっているのです。『こうしなければいけない』ではなく、自分で、『これで大丈夫じゃないか、やってみよう』というところに多少なりとも影響していると思います。誰かに言われたからそうするのではなく、自分で判断しようという気持ちになるのです」。

◇◇母乳も「自然に」◇◇

生後一カ月までの赤ちゃんは、周囲が気をつけて風邪を引かせないようにすることが大事。あとは母乳育児を続けることで、赤ちゃんは免疫力がついて元気に育ちます。

五十嵐さんは、母乳についても「自然にまかせましょう」というのが基本の考え方。

「本人は母乳が出ないのではないかと心配しているけど、ほとんどの場合赤ちゃんの体重は増えています。そんなに心配しなくても、出ていないと思っていても、赤ちゃんはきちんと飲んでいるのですよ。温度も栄養も、その子に合ったものがきちんと出ているし、心配するより、お母さんがしっかり食べたほうがいいですね。

母乳がよく出る食べものは何かなどよく聞かれますが、それにあまりこだわり過ぎず、普通の生活でいいのです。ただ、水分を取られるから、できれば、けんちん汁のようにいろいろなものを入れて汁にして食べるといいですね。栄養バランスにしても、今の人は、肉・魚を食べて栄養をたくさん取っているし、これを食べてはいけない、あれを食べてはいけないというのはありません。朝から晩までおまんじゅうばかり食べていたら悪いけど、一日にまんじゅうの一つや二つを食べても、差し障りはないと思いますよ。普通に食べていればいいのです。コーヒーも、一日に一、二杯飲むのはそんなに悪いわけではないし、今までずっと飲んでいた人が、『これから、全く飲んじゃだめ』となると、そこでストレスがたまるでしょう？」

◇◇母乳を考えると食べ物を考えることになる◇◇

お母さんの方も、無理にではなく、母乳をあげるということで自然に自分の食べている食事について考えるようになります。

　あるお母さんは言います。

「普段は、乳製品を取ろうが、油をいくら取ろうが何も感じていないのに、おっぱいをあげることで、食事のことを考えるようになるのはすごいと思いました。そのときは、赤ちゃんとおっぱいが教えてくれて、我慢して禁欲的にというよりも、自分から、母乳に悪いと思うものは自然に避けました。妊娠中もそうですが、自分が選んで食べている感じです。外食が続くと、非常に野菜が食べたくなって、家で野菜をたくさん入れた味噌汁を作って、『とにかく野菜とご飯が食べたい』という感じで、身体が自然に欲します。妊娠・出産が、自分の身体の声を聞くことを教えてくれた気がします。それまでは、そんなことを考えてもいなくて、むしろ、これがいいらしい、これが悪いらしいと、情報を聞いてばかりでした。身体はどうあろうが、頭から入ってやっているところがありました。母乳で育てなければ分からなかったことですね」。

◇◇離乳食もお母さんと同じもので◇◇

育児雑誌の、おしゃれで色とりどりの離乳食を作っているレポートを真似してみても、見栄えはいいけど、赤ちゃんが食べなかったら意味のないこと。また、離乳食に凝り過ぎて、赤ちゃんには立派な離乳食を一生懸命作っているのに、自分は、コンビニでパンとコーヒーを買って簡単に済ませるという食事になっては意味がありません。それではお母さんも振り回されてしまいます。でも、五十嵐さんは、最初から一貫して「離乳食も家族が食べているものから」という指導なので、お母さんもとても楽です。

あるお母さんは、「無理をすると自分と懸け離れた子どもになる気がします。自分が食べているものでいい、というのはとてもわかりやすいし、『そうだよね、人間だしね』という考えにストンと落ちます。『私が食べているものなんだから大丈夫、味噌汁の中身をちょっとつぶしてあげよう』とか、肩に力を入れない、気楽な感じで考えられるようになり、普通の感覚に戻れました」と言います。

【体験記】　母乳がドビュ〜ンと出るまで

「生まれた〜」。

分娩台に横になって約一時間で、我が家の息子は誕生しました。

前日の夜中に、思いがけなく、おもらし程度のおりものがあり、予定日までまだ十日ほどあったため、「おしるしかな?」くらいにしか考えていませんでした。しかし、時間がたつにつれて、段々と腰の痛みが強くなってきて、おもらし程度のおりものの量も増えてきて、「これは破水かも……」と思って急いで助産院へ電話をして、行くことにしました。

先生によりますと「腰からくる陣痛」もあるそうで、本当にハンマーと金づちと何かでドンドンとたたかれているような、鈍い重みとものすごい痛みでした。

早朝、仕事先から急いで帰ってきてくれた旦那さんにさすってもらって耐えながら、駆けつけてきてくれた母とに、両腕をかかえられながら車に乗りこみ、ものすごいスピードでむかっていたはずなのに、とても長い長い時間に感じられました。

到着したときには、子宮口はもう全開の状態で、先生と助手の加藤さんの呼吸法のリードで痛みを逃がしました。普段の生活の中で体操感覚で「ヒ、ヒ、フー」を心がけてはいましたが、やっぱり、先生と加藤さんのリードでする呼吸法は力強いです。その呼吸法で息子が「するん」と出てきてくれました。

産まれ出てきてくれた子どもには、こんな言葉をかけよう、あんな言葉をかけよう、などと考えていたのですが、安堵感でいっぱいで、ただただ、嬉しさが込みあげてくるばかりでした。

「君もお腹の中で、がんばってくれたものねぇ、ありがとう」。

三千五百九十グラムと、身体も大きいせいか、食いしんぼうで泣きんぼうの我が子「ギャー助」。私のおっぱいもなかなか出なくて、結婚八年目にしてやっとやってきてくれた君がいとおしいのに、空腹で泣く君に母乳があげられないのはつらい。

「育児って、本のとおりになんて絶対にいかないな」を実感しています。

私もあせってしまっていて、泣いてばかりの我が子に「何がそんなに悲しいのお」と質問してしまう始末……。そんな私をますますあせらすかのように、糖水だけではがまんが出来ないらしくて、声が枯れるほどの泣き声、金切り声。その間にも先生、加藤さんからはいろいろな助言、励ましの言葉をいただき、大切なのは、いまここに目の前にいる「我が子」であることを思い知り、沢山触れてあげて、抱きしめて、この体験は、とてもかけがえのないものになりました。

「産んだその子を通して、お母さん自身の真の姿、考え方をつきつけられるんですよ」という加藤さんの言葉は忘れません。

これからは、自信とゆとりをもって、母乳へと移っていけるよう、楽しくもみもみ母乳マッサージをします。子どもにもたくさん吸ってもらいましょう。お母さんの乳首キライにならないでね。わが息子よ、どうぞよろしく。

はずかしながら、三十五歳にもなってポロポロと涙をこぼし、「プール」になってしまったこともありましたが、その雫を受けとめて大河へ流す流れを作ってくださった先生、加藤さん、スタッフのみなさん、同時入院になった三人のお母さん方、みなさんありがとうございました。

母乳がドビュ〜ンと出るまで、がんばります。

肩ひじはらず、やわらかなピンク色の花を優しく咲かせる春の桜のように、やわらかく、優しい気持ちでいられるよう、努力します。

二人目もまたこちらで……。大切な存在の有馬助産院です。

第7章

＊＊＊

良いお産は良い子育てにつながる

＊＊＊

◇◇自主性を持ったお産から自主性を持った子育てへ◇◇

ラマーズ法で出産したこと、五十嵐さんのもとで助産院で出産を経験したことが、その後の子育てのすべての考え方のベースとなっているお母さんたちは多いようです。やはり、自主性を持った産み方の影響は大きいといいます。

あるお母さんは「安心感のもとで、自力で産んだ自分と、自力で出てきた子どもに信頼関係があるような気がします。『頑張ったよね、私たち』という感じ。何か、信頼できる存在の赤ちゃんなんですよね」と、自信を持って話します。

いいお産をすると、いい子育てにつながるといわれます。妊娠生活、出産でもそうですが、客観的にものを見られるようになると、子育てにも生活にもつながってくるのです。自分のことを客観的に見られるということが、知らず知らずのうちに、子育てにもきちんと影響しているのです。

◇◇出産の時のことを思い出そう◇◇

赤ちゃんの成長って、本当に速いもの。母乳をあげて、離乳食を始めて、初めて笑ったり、しゃべったり。成長の喜びを感じるこの時期の感覚を忘れないでいたいものです。

毎日見ていても、とにかくかわいくて飽きない。特に最初の子どもは、何もかもが初めてだから、あくびをしたとか、一つ一つのことが全部、「わー、これをしたね、あれをしたね」っていうので、とてもうれしいと思いませんか？

小学校のお子さんを持つお母さんは、「もうだいぶ大きくなりましたが、私のことを思いやってくれたりすると、『うわー、思いが返ってくるんだ』という感動があります。子どもが五歳ぐらいのときに、私が病気で寝込んでいたことがあって、まだ学校にも行ってなくて字もうまく書けないのに、励ましの手紙を書いてくれました。私の誕生日だったのですが、『ああ、そうやって思いやりを返してくれる存在なんだ』とすごく感心しました」と言います。

そういう風に「かわいい、かわいい」と愛情を注いで育ててもらっている子どもがいる一方で、親が自分の子どもを虐待するなど、今の子育てを取り巻く環境では、五十嵐さんが危惧していることもあります。

「自分の子どもを『うるさい』とか『かわいくない』とか、『面倒臭い』なんて言う人もいますが、子どもを産んでいれば、かわいくないなんてことは本来はないと思うのです。昔は、よほどヒステリックな母親しか、子どもを虐待するなんていうことはなかったと思うのです。でも、ただの猫かわいがりではなく、みんな、きちっとしつけるところはしつけていました。

今は何でもかんでも自分の思うようにならないと気が済まないから、かわいくないと思ってしまうのでしょうか。自分が三歳のときのことを考えてみてほしいのです。どうだったかといえば、子どもと同じようなことをやっていたでしょうにね。今の時代、あまりにも情報が多すぎて、『そうしなくちゃいけない』と思い込んでしまう人が多いから、自分の思うようにはならないと虐待という形になってしまうのかもしれません。おおらかに育てるのが一番いいということを教えてあげないと、親の方もかわいそうです。やっぱり出産のことを思い出してほしいですね。子どもを無条件でいとしい、かわいいと思っていたでしょう？と言いたいのです」。

◇◇泣いて息をしてくれるだけで満足◇◇

有馬助産院で出産を経験した人は、自分の意志で産むという決意をした人たち。妊娠、出産、子育てに対する考え方もしっかりしています。

あるお母さんは、「今は子どもというものは産まれてきて当たり前で、一人目が産まれたら、今度は『男の子にする、女の子にする？』と選択するみたいに、何年後にどっちの性の子を産むかという産み分けなど、計画的に出産することもあります。子どもは授かるものじゃなくて、『つくる』という感覚が気になります。産まれてきて当たり前、真っ当に成長して当たり前だということはないのに。子どもというのは、本当は授かり物で、産まれてくること自体がすごいことなのです。

縁があっておなかに授かった子を自分で産む。そういう風な感覚で生まれてきた子どもというのは、土台が全然違うというか、そこにいてくれるだけでいいんですよね。要は、親ばかじゃないけれど、とにかく産まれて、泣いて息をしてくれるだけで、本当に満足なのです。そうしたら、自然と子どもに気持ちも向くし、何があっても、『ああ、でも私のもとに産まれてきてくれたんだ』と思います」。

別のお母さんも、「子どもを虐待してしまう悲しい事件もありますが、多分、最初のボタンの掛け違いなんじゃないのかなと思います。

例えば、女の子が欲しくて、自分で出産を計画したとします。自分の計画、努力の成果として予想通り女の子を産んだという風に思ってしまうと、どうしても子どものことを自分の分身というか、思いどおりになる存在だと思ってしまうのです。だから、思い通りにならないと、こんなはずじゃないと虐待してしまう。

私も子どもを持つまでは、子育てのいろいろなことがよくわからなかったので、『子どもというものは大人が全部教えてあげないといけないものだ』とか、『子どもはもっと無力な存在だ』と思っていました。でも、自分の方がよっぽど子育てによって勉強させられていて、子どもに助けてもらっていると思うようになりました。彼らの存在で、どれだけ自分がいろいろなものを得ているかと思うと感謝でいっぱいです。

子どもは大人のようにうまく表現できないことはあっても、本質はとてもよくとらえていると思います。子ども一人ひとりがそれぞれ違いますし、自分の分身ではなくて違う人格です。子どもは親の所有物ではないのですから。

こんなに偉そうなことを言っていても、家に帰ったら、がみがみ言って思いどおりにさせようとしていますけれど、冷静なときには、一人の人格として尊重してあげないといけないといつも思っています。それは、子どもを持つまではわからなかったことです。すごく教えられました」。

◇◇赤ちゃんを産む力はもともと備わっている◇◇

助産院で産むということ。ラマーズ法で自然に産むということ。妊娠したとき、選択肢の中に入れてほしいと、お母さんたちは言います。

「自然なお産が、管理されたお産といかに違うかをよく検討してもらいたいと強く思います。例えば会陰切開にしても、『切れてしまうよりは切ったほうが、後が楽だ』というのをうのみにしないで、自分でも本当にそうなのかなと考えてみたり、思い切って尋ねてみることも大事。出産後に母子同室で赤ちゃんが隣にいることにしても、おっぱいをいつでもあげられることにしても、赤ちゃんの泣き声を聞いてどんどん子宮が収縮していって、身体の戻りがいいことについても。

　私は本当に自分の身体が楽だと思えました。私は管理分娩と自然なお産の両方を体験しているから、『こんなにも違うのか。こんなにお産のあとの身体が楽なのか』というのは本当によくわかります。お母さんがそういう状態だということは、赤ちゃんにとっても絶対いいことだと思います。

　この少子化の中で、四人、五人を産む人はとても少ないでしょう。多分、下の子どもになるほど、助産院で産む率が高いのではないかと思います。そうなると、初めての子どもで助産院を選択する人はほとんどいないということになりますよね。本当にもったいないことです。一人目こそ助産院で産みたかったと思います」。

「私も、女性として産まれてきて、自分の身体には、赤ちゃんを産む力がもともと備わっているのだ、ということを、まず伝えたいです。それが基本です。『もし危険なことが起こったら、こういう医療介入も必要』ということはオプションであって、最初からそうあるべきではないと思います。

これからの世の中が『助産院で産むのは当たり前だよね。でも、もしリスクが高ければ、病院で管理されたお産もあるよ』という流れになればいいなと思います。助産院でのお産がもっと増えていけば、医者不足がいわれている産婦人科も楽になるのではと思うのです。もっと助産院の力を活用して正常なお産を助産院が取り扱えるようになれば、その分医療の介入が必要なお産に集中できて、お医者さんももっと楽になれると思います」。

◇◇もっと多くの人に知ってもらいたい◇◇

これから助産院で産もうと考えている妊婦さんや、どこで産もうかと悩んでいる妊婦さんへ、そして子育てをしているお母さんへ、五十嵐さんは言います。

「今は、病院で産むのが当たり前になっている時代ですから、助産院で産む人は、全体から見ればほんの一部の人です。でもお産をよく考えている人だということは間違いありません。そういう意味では、助産院で産むことを、もっと多くの人に知ってもらいたいですね。

普通の日常生活の中で妊娠して出産するということは、本当に自然なことなのです。無痛分娩など出産の方法はいろいろあります。それをしたい人はそれでいいと思います。私はいつも『赤ちゃんにもお母さんにも自然が一番楽ですよ』ということは言っているけれど、あとは本人が決めることですから。

どんなお産でも、最初は無事に赤ちゃんが産まれてくるか、不安だと思います。元気に産まれてほしいと願うのは、妊婦さんみんなが思っていることでしょう。病院だって助産院だって異常が起こらないとは証明できないし、『百パーセント大丈夫だ』とは言えないわけですから、本人が自己責任で産む場所を決めて、お産に向かって自分で努力するよりしようがないのですもの。誰かにかわってもらおうと思っても、お産は妊婦自身が乗り越えなければ、赤ちゃんにあえません。

年齢が高いから必ず大変だというわけでもありません。二十歳ぐらいの若い人だって、二日もかかる人もいます。一人ひとりのお産の状況には個人差があって、人それぞれ違います。みんながみんな、同じ型に当てはまらないのです。

子育てにしても、『あそこの子どもはできたけど、うちの子どもはできない』などと、他人と比べないこと。差があったとしても、隣と比べたらイライラしてしまって、結局子どもを怒ってしまうようになりますから。子育てだって、夫婦生活だって、何でもお産が原点だと思いますよ。だから夫婦で、特に妊婦さんにはハッピーなお産をしてもらいたいのです」。

◇◇ハッピーな、お産◇◇

お産のことだけではなく、夫婦の問題や子育ての悩みを五十嵐さんに訴えるお母さんたちは多いといいます。病院ではありえないことです。お医者さんにお産や赤ちゃんについての質問はしても、夫婦関係の悩みなど相談する人はいないわけですから。有馬助産院は、「お産する場」という枠を超えているのでしょう。

五十嵐さんは言います。

「要するに女性の駆け込み寺ではないけれど、お産の前も後も関わっている場ということでしょうか。

現代は、女性が安心して子どもを産み育てることが困難な時代になってきています。テレビを見ていると、『出産すると仕事を休まなければならないから産まない』と言う仕事を持つ女性もいますし、男性でも、『これからの世の中がどうなるかわからないから、子どもはつくりたくない』などと言う人もいます。しかし、『産みたい』『育てたい』と望んでいる女性がいる限り、子どもを安心して産める社会をつくっていかなければいけませんよね。それには何でもお金を助成すればいいという考え方もありますが、そうではないと思います。子どもや家庭の問題を気軽に相談できる場があるということも、重要ではないでしょうか。

昔は一つの町内に一人は助産師がいたのですから、妊婦さんをはじめとする皆さんがいつでも気軽に相談できる場が地域にありました。しかし今は、助産院もだいぶ減ってしまいました。私は数少なくなってしまった助産師の一人として、新しい家族の絆が深まるように、心がけてきました。ラマーズ法のお産を取り入れているのも、そのためです。

ただ、すべての助産院がラマーズ法を取り入れているわけではなく、正しいラマーズ法を理解し、指導している場所は多くはないといわれます。だからこそ、ラマーズ法で自然にお産ができる場がもっと増えてくれたらなと、本当に思います。私もいつまで続くか分からないけれど、『ここで、自然に産みたい』と言う妊婦さんがいるなら、それに応えていけたらいいですね。皆さんの『ハッピーな、お産』のお手伝いを、これからもしていきたいと思います」。

【体験記】子ども一人ひとりの感じ方を大事にしていきたい

長女（二歳四カ月）をこちら有馬助産院で出産したときの深い感動に「お産はい い!!」と大興奮した私は、第二子妊娠を知ったときはうれしくて胸ときめく思いでした。

長女は、二週間遅れで産まれましたので、「今度も遅くなるかな」ってなんとなく思っていましたが、今回もちょうど二週間遅れでした。

朝九時ころ、おしるしらしきものがあり、待ちに待っていたせいもあって「いよいよだあ」と、会社へ行っていた夫に帰ってきてもらって、二人で「陣痛が規則正しくなるまでなにをして待っていようかしら」と、そわそわと家事を片付けたりしていました。お昼ごろ五十嵐先生に診ていただきますと、「夜になるでしょう」といわれて、なんだか安心して、それからは本屋で立ち読みをしたり、ビデオを貸りて家でみたり、幼稚園へ長女を迎えにいったりして夜を迎えました。

夜九時ころ、私の入院中にお世話をしてくださる夫の母が福島から到着。長女を寝かしつけて「やれやれ」としたところで痛みが十分間隔になってきたので十二時ごろ助産院へ向かいました。長女のときは朝四時に助産院へついて、七時に産まれましたので、今度は余裕をもっていこうということで、早めに連絡をしたのです。

助産院へつきますと、二階の分娩室の窓から五十嵐先生が顔を出して「陣痛が収まっちゃったのかと思ってましたよ〜」。おかしくて笑ってしまいました。お部屋へ通されて、あの「ど〜ん」という陣痛が今くるか今くるかと待っているうちに、昼間、興奮していろいろなことを沢山やりすぎた疲れがここへきてどっと出てしまい、ベッドに横たわると眠ってしまいました。

陣痛はなかなかつかなくて、夜が白々と明けてきて焦ってしまっていたところ、「分娩室のベッドに腰かけて陣痛を促しましょう」といわれて分娩室へ移りました。腰をかけて暫くすると、次から次へと繰り返し陣痛の波がきて、とても辛く夫の腕には私の握りあとが残るほど取り乱しつつも、皆さんに腰をさすってもらうその手の温もりがなんともいえず心地よくて、心のよりどころのように感じました。

「フーウンと声を出した方が楽よ」といわれ、陣痛のあまりの強さに「もう、いやだ〜」と思う反面、「もう、フーウン期なんだ〜。もうちょっとだ、がんばるぞ〜」と気力がわいてきて呼吸法がとても調子よくなりました。

それからベッドに横になって五、六回いきんだところで、先生に「あとはファーファーですね」といわれて、あまりの早さに、「もう負けそう」、「腰がくだけそう」だの取り乱してわめいていたことが恥ずかしくなってしまいました。初産のときと比べて、本当に赤ちゃんが早くおりてきたのには吃驚。

赤ちゃんが生まれて先生に「結局、上の子と同じような時間になりましたねえ」といわれて、本当にそうだな、疲れちゃって「自然に」お産と向きあうことの難しさを、またもや感じました。

前回もそうでしたが、今回も診察をうけるとき等に私の症状をみて判断するだけではなくて、よく先生に「どんな感じですか」、「へんな感じがしますか?」などとたずねられて、「私の感じ方を大切にしてくださっているなあ」とうれしく思いました。「妊娠○週」とか「子宮口開○センチ」とかいうこととは別に、いま現在の私の感じ方、私の状態とかを訊ねて下さって診断の理由にしてもらえるのは安心感があります。

二週間も遅れちゃって友人から「普通は薬で出しちゃうわよ」といわれたりしましたが、「本当に普通に生めてよかった」。

これからの育児でも、「○歳だから」とか「女の子だから」とかに振り回されずに、先生が私に影響してくださったように、子ども一人ひとりがいまどんな状態なのかしらと、その子その子の感じ方を大切にして、関わっていきたいと思っています。

五十嵐先生をはじめ、みなさまどうもありがとうございました。

お産にいっしょに力を合わせて頑張ってくれた夫を、とても誇りに思っています。どうもありがとう。

【体験記】 幸せ気分いっぱいで退院します

長男（二歳二カ月）は大学病院で出産しました。今回の妊娠、出産を振り返ってみますと、やはり前回と比較してしまいます。初産のときは、妊娠、出産に対して勉強不足で、「こういう出産がしたい」というこだわりもなかったのです。今回を体験してはじめて「本当の自然出産ではなかった」ことに気がついたのです。何を比べても良いことばかりの今回の出産を記します。

マタニティライフ

妊娠がわかったのはO医院ででしたが、はじめから有馬助産院を紹介してもらうつもりでした。数人の知人がこちらで出産して、皆さん良いお産ができたとの話でしたし、『わたしのお産』という本を読んでみて、さらに「有馬助産院で産みたい」と思っていました。

まだ会ったことのない五十嵐先生のお人柄を想像しながら、初めて健診に訪れたのは八月でした。毎回の健診に一緒に通った長男は、はじめは診察室へ入ると泣きだす大の病院嫌いだったのですが、慣れてきてエコーを一緒にみたり、部屋中をチョロチョロ動き回ったり、病院嫌いまでなおってしまいました。ラマーズ法講習会には、立ち会うつもりのなかった夫と長男と三人で出席しました。そこで学んだことは今まで知らなかったことばかりで、「一人産んでいるのに、何も知らなかったんだ」と恥ずかしい思いでした。

それからは、ひたすら動け動けの生活で、一日三時間は長男と公園で遊び、週二回の自主保育の活動では五～六時間は外で遊んだり遠出をしたりで、「パワフル妊婦」と皆さんに言われていました。健診にくるときも、ベビーカーを押しながら片道一時間弱の宮前平からの道程を、きついとも思わず歩きました。

九カ月ごろから逆子だということがわかりました。五十嵐先生は「逆子でも九十九パーセントは普通に産めるんですよね。頭から産まれたって百パーセント大丈夫っていうことはないんですから」といわれ、その上で「でも、一応は異常なんですから病院を紹介しましょう」といってくださいました。わたしは、逆子でもこちらで産んだ方が何人かいたと聞いていましたので、「私にも産める」と思って迷うことなくこちらでお願いすることにしました。先生の話では「逆子体操をしても直る人は直りますし、直らない人は直りません」ということでしたし、また「赤ちゃんはそれなりの理由があって逆さまから産まれてくるのでしょうし、頭から出たくなったら戻るでしょう」とのことで、これには納得。産まれてくる日も時間も格好も赤ちゃんが決めることで、それを親や病院の都合で変えてしまってはいけないんですよね。赤ちゃんを信じ先生を信頼して待ちました。結局最後までお尻が下のままで、出てきました（編注・現在では逆子の場合は医療機関で出産することになっています）。

出産

予定日は十二月三日でしたが、「二人目は早い」と私も周りも思っていました（初めの予定は十一月十九日でしたが、生理不順と病院のエコーでみる赤ちゃんの頭が小さいとのことで、十二月三日に変更になったのです）。十一月中は、親子三人で出かけるのもこれが最後になるだろうと、日曜日毎に出かけていて十二月に入りました。ここまで遅れては、「とても無理だな」と思っていた自主保育の十二月六日の運動会にも出られる、「それまでは出てこないでねー」っておなかに話しかけていました。六日になってもまだおなかの中で元気。運動会ではパン食い競走や子どもとかけっこ（もちろん早歩き程度でしたが）にも参加しました。みなさんには「ここで産気づいたらどうするの」と冗談まじりに言われながら、無事に終わりました。おなかの子には「もう何も思い残すことはないよ、いつ産まれてもいいからね」と話しかけましたが、まだモニョモニョ動いていて、「まだまだ先になるのかな」という感じでした。

翌日の七日は、朝、いつもどおりに起きて夫のお弁当を作ったりしていた七時前ころから、陣痛らしき痛みがあり、時間を計りますと十分間隔できていました。先生には「破水からはじまるのでは」といわれていましたので、前駆陣痛かなと思っていましたが、一時間、二時間と十分間隔の痛みが続いていましたので「これは陣痛だ」と確信しました。九時半ごろ五十嵐先生に電話で報告しますと、「八分間隔になったらまた連絡をして」とのことでした。ラッキーなことに夫は朝から雨のため、仕事が休みになり、一緒に出産に臨めることになり、一安心。「今日中に産まないと明日はひとりでお産をすることになってしまう……」と、陣痛の合間には洗濯、掃除をすませたり、階段の登り降りをしたりして頑張っていましたが、あまり頑張りすぎるのもよくないなと思いなおして、「デーン」と構えてゆったりするようにしました。お昼すぎころにはおしるしがあり、間隔は十分のままでしたが、痛みはだんだんと増してきていました。「ヒーフー」としながらお昼ごはんもしっかりと食べ、痛みがきつくなってきましたので「ハフー」へ。間隔も七～八分になってきましたので、電話をして助産院へ向かいました。

十四時、助産院着、陣痛の合間に二階へあがり、余裕の顔で内診していただきますと、「あれれ！　もうほとんど全開大ですねー」と先生。それを聞いて私もビックリ。「こんな痛みなのに全開大でいいのかしら?!」と、うれしくなってしまいました。痛いのは辛いのですが、次の痛みが早くこないかなと思えるくらい、冷静でいられました。「五分間隔になるか、破水したら分娩室へ」ということだったのですが、すぐに五分間隔になって十五時すぎに分娩室へ入りました。

今回は腰の痛みが全くなくて、夫に腰をさすってもらう必要もなかったので、夫はずっと長男の相手をしてくれていましたので、長男も不安がることもなく、自分の家で遊んでいるようでした。私はひとりで分娩室へ移って、ベッドに横になっているとさらに痛みは増してきました。しばらくして助産師の高橋さんも加わってくださり、呼吸法は「ヒ、フー」になりました。やがて「フー、ウン」へ。「いきみたかったらいきんでいいですよ」と先生の声。「えっ、もういきんでもいいの？　そういえばいきみたい気もするし……」。ところがいきみ方を忘れてしまい、「あごは上げるんじゃなくて引くのよ」のリードに「あっ、そうだった」。頭じゃわかっているけれど痛みに負けて声が出てしまう。「フー、ウーン」、なかなか破水しない。いきむのはきついが、収縮の合間がちゃんとあり、ウトウト、ウトウトしてしまう。そんな状態の中でも冷静に次の収縮のはじまりがわかり、呼吸法をはじめられるのが不思議でした。そして思いきりいきんだところで破水しました。先生と高橋さんは赤ちゃんが出てきたときの準備をはじめられ、いつの間にか夫と長男がベッドの横にきてくれています。次のいきみで赤ちゃんが出てきました。やっぱりお尻からでした。その次のいきみで体と足が出て、その次のいきみで頭が一気に出てきました。

「女の子ですよー」と先生の声。「やっぱり女の子だ」と夫の声。赤ちゃんは赤紫色で泣き声も聞こえない。「逆子で産まれた子は、一呼吸してから泣くんですよ」といわれ、羊水を吐かせてもらうと、かわいらしい産声をあげました。お腹の上に乗せてもらうと、だんだんと赤味がさしてきました。

長男の反応は？　わたしの横に寝かされた赤ちゃんの側へきて「あかチン、ちいさい」といって手を握ったり、耳をさわったりしているその様子をみて、思わず涙が溢れそうになりました。

分娩室で少し休んでいるときに高橋さんが持ってきてくださった熱いお茶を飲んでいると、冷静になれて、振り返ってみますと、「あれ、『ヒ、ヒ、フー』をやっていなかったな。『ヒ、ヒ、フーウン』もやっていないし、『ファーファー』もやっていないし……」。やっぱり経産婦は早いんですねぇ。そして、先生のいわれたとおり、逆子は楽でした。三、四回のいきみだけで出てきたのですから。難しいといわれている『ファーファー』もなかったし、無事におわったのです。五十嵐先生には感謝の気持ちでいっぱいです。その職人技には頭がさがります。そんなこんなで、わが娘は無事誕生となりました。

産後

出産直後からずっと赤ちゃんと一緒の部屋で、幸せいっぱいの毎日でした。さすがに後腹が痛くて眠れませんでしたが、長男のときには母子別室でしたので見ることのできなかった産後五日間の赤ちゃんのいろいろな仕草をみることができて、一日一日顔つきが変わっていくのもわかりました。一日中みていても飽きないほど表情がコロコロ変わりましたし、これから泣き出すというときの顔はホントにかわいいです。先生も時々みにきてくださっては「かわいいよねえ、かわいいよねえ」といってくださり、沐浴のときも「気持ちいいねえ、いい子だねえ」と声をかけながらお風呂へ入れてくださって、本当に赤ちゃんが好きなのだなあと感じました。助産師さんという仕事は、その腕はもちろん大事なんでしょうが、なによりも赤ちゃんに対する愛情の注ぎ方がいちばん大事なんだなと、つくづく思わせられました。

明日退院します。この三号室の中は別世界で、窓から太陽が差し込んで、横で眠っている赤ちゃんをボーッと眺めていると、ここだけ時間が止まっているような気持ちになります。本当に名残惜しいです。

明日からは、新しい家族の一員が加わり、賑やかなわが家で新しい生活のスタートです。これから二人の子どもたちがどんな風に育っていくのか、今から楽しみです。子どもは自然に育っていきます。親はそれをちょっと後押しするだけでと、そんな心持ちで「自然に」子育てがしていけたら、と思います。

こうして幸せ気分いっぱいで退院していけることに感謝いたします。ようこさん、おいしいお食事とお掃除と諸々ありがとうございました。加藤さん、いろいろなお話、とても楽しかったです。高橋さん、とても気持ちのいいお産ができました、感謝いたします。そして五十嵐先生、こちらで産んだみなさん方が、もう一人欲しいといわれる気持ちがわかりました。私も三人目ということになったときには、今度は百点満点のお産を、という気持ちにさせられました。そのときまで先生、お元気でいらしてください。

あとがき

三十年も前の話です。ある母親が私の助産院を退院するときに、「私はラマーズ法により満足のいくハッピーなお産ができ、本当に感謝しています。この経験を、次に出産するお母さんに伝えたいのです」と、体験記を記したノートを残していきました。

次に出産するお母さんがこのノートを読み、自分もノートに書き込み、その次のお母さんも……と続き、現在二十三冊目になります。ノートの表紙にはいつの間にか「語り継ぎたいラマーズ法」の文字が書かれていました。

皆さまのこの素晴らしい感動の出産記録を、有馬助産院の中だけにとどめておくのはもったいないと思い、お母さん方と相談・協力してこの本ができあがりました。助産院での、他人任せではない自主的なお産を選んだ女性の素晴らしさ、生まれた子どものかわいさ、いとしさを知っていただければ幸いです。

お産という大きなイベントのお手伝いをし、皆さまに「よいお産ができた」「子どもはかわいい」と感謝していただけるのは、私にとって最高の喜びです。これも多くの先輩方のご協力とご指導があったからです。また、お母さん方からの励ましやご協力も、私の支えでした。そして何よりも、私が安心してお産に関われるのは、異常が起きた時に対応して下さる病院や優秀な医師に恵まれたからです。

これまで私を支えて下さった皆さま、またこの本の出版にご協力下さった皆さまに、改めて感謝申し上げます。ありがとうございました。

二〇〇九（平成二十一）年十月

有馬助産院

助産師　五十嵐松子

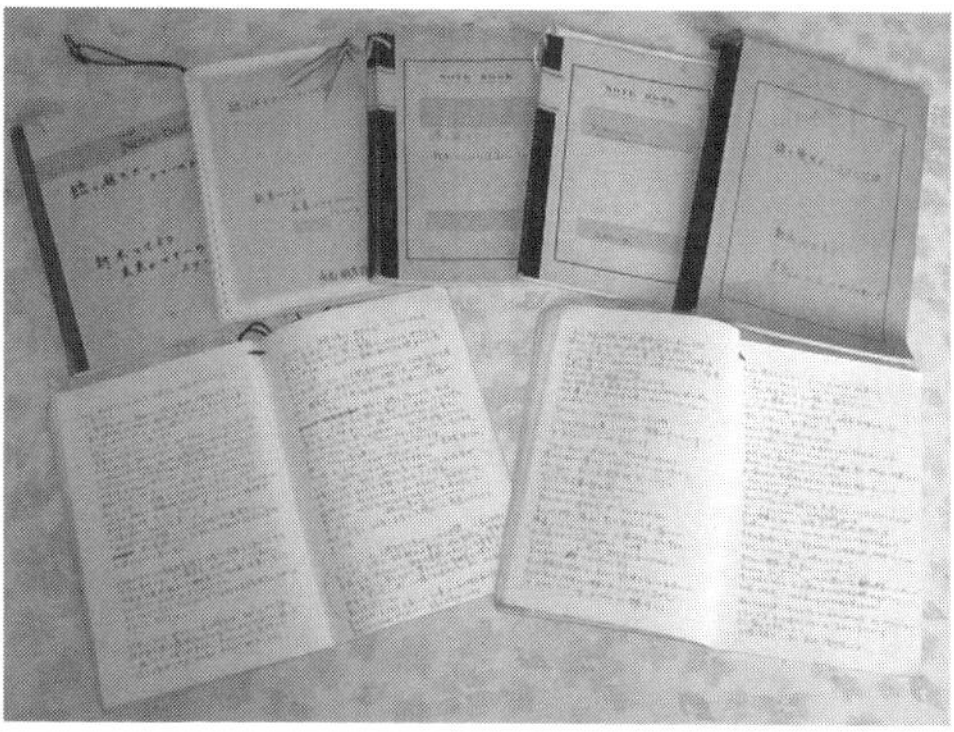

書き継がれてきたノート「語り継ぎたいラマーズ法」

◇編著者
有馬助産院　松ぼっくりの会
神奈川県川崎市の有馬助産院で出産したお母さん・お父さんたちが、自分たちの経験した「ハッピーな、お産」を多くの人に伝えたいと結成。
◇編集委員
五十嵐松子・小峯千恵美
長部久美子・森理恵
◇連絡先
〒216-0002
川崎市宮前区東有馬5-23-37
有馬助産院気付

ハッピーな、お産《さん》
語《かた》り継《つ》ぎたいラマーズ法《ほう》

2009年12月15日　第1版第1刷

編著者　有馬助産院　松ぼっくりの会

取材協力　肥田木奈々
装　丁　又吉るみ子
イラスト　久保浩子

発行人　成澤壽信
編集人　北井大輔
発行所　株式会社現代人文社
〒160-0004　東京都新宿区四谷2－10八ツ橋ビル7階
Tel: 03-5379-0307　Fax: 03-5379-5388
E-mail: henshu@genjin.jp（編集）hanbai@genjin.jp（販売）
Web: www.genjin.jp
発売所　株式会社大学図書
印刷所　シナノ書籍印刷株式会社

検印省略　Printed in Japan　ISBN978-4-87798-434-2　C0077